普速区段主要行车岗位人员技能培训手册

线 路 工

成都铁路局职工教育处 编

中 国 铁 道 出 版 社

2010年·北 京

图书在版编目(CIP)数据

线路工/成都铁路局职工教育处编.—北京:中国铁道出版社,2010.10
(普速区段主要行车岗位人员技能培训手册)
ISBN 978-7-113-12045-0

Ⅰ.①线… Ⅱ.①成… Ⅲ.①铁路养护—技术培训—教材 Ⅳ.①U216

中国版本图书馆 CIP 数据核字(2010)第 194648 号

书　　名:普速区段主要行车岗位人员技能培训手册
　　　　　线　路　工
作　　者:成都铁路局职工教育处　编
责任编辑:傅希刚
封面设计:崔　欣
责任印制:郭向伟
出版发行:中国铁道出版社
　　　　　(100054,北京市宣武区右安门西街8号)
印　　刷:北京鑫正大印刷有限公司
版　　次:2010年10月第1版
　　　　　2010年10月第1次印刷
开　　本:787×1092　1/64　印张:2.625　字数:48千
书　　号:ISBN 978-7-113-12045-0
定　　价:10.00元

前言

为加强主要行车岗位人员技能培训，不断提高职工岗位作业水平，适应铁路快速发展及运输安全新要求，成都铁路局职工教育处会同各业务处和相关单位，按照“必知、必会、必干”的原则组织编写了《普速区段主要行车岗位人员技能培训手册》。

本套培训手册共分列车调度员、车站值班员、列车长、货运检查员、线路工、桥隧工、钢轨探伤工、轨道车司机、信号工（含有高速区段的部分内容）、接触网工、牵引变电所值班员等11个分册，分别由张朝洪、钟浩然、胡发龙、王小春、朱志强、唐赫、解丽艳、黄英、翟鹏、李兴林、黄河、苏兴华、刘兴志、蔡莉、龙晏强、蔡勇、童建明、黄汉全、雷管仲、郭新民、黄宁、杨静、张健、陈钢、陈泽镜、朱小军、衡敏燕、何祥照、苏夏军、薛峰、谢喜等同志编审，在此深表谢意！

本套培训手册适用于相关岗位人员技术业务培训及车间、班组业务学习和职工自学，同时，也可供专业学历教育参考。需要特别说明的是，本套培训手册仅作为职工培训学习使用，不能替代岗位作业指导书。由于编写时间仓促，不足之处在所难免，敬请广大干部职工提出宝贵意见，以便进一步修改完善。

成都铁路局职工教育处

二〇一〇年六月

目　录

第一部分　规章知识

第二部分　线路作业

第一部分

规章知识

一、防护作业

(一)技术要求

1. 防护人员必须由身体健康，语音清晰，无眼（耳）疾、心脑血管等疾病的正式职工担当，经单位安全教育培训考试合格后持证上岗。在防护作业中须认真履行职责，联系和掌握列车在作业区段的运行时刻，及时通知作业人员下道避车。防护作业中不准从事与防护无关的工作，严禁擅离职守。

2. 驻站联络员与现场防护员必须携带有效的通信设备，至少每 3 min 联络一次。若联系中断，应视为有列车接近，现场防护员必须及时通知作业人员下道避车。现场防护人员应站在便于瞭望和通知作业人员下道避车的安全地点，禁止行走、站立道心防护。在瞭望距离不足的曲线地段应增设中间防护员。作业现场噪声较大时，防护员必须采取加戴无线耳机静听装置等有效措施，确保及时、准确掌握来车情况。

3. 防护员在施工负责人的统一指挥下履行职责，精力集中，不得兼做其他工作。

4. 防护员须熟练掌握防护旗、灯、口笛、号角、电话机及对讲机等通讯设备的操作使用。

5. 防护员上岗前应按规定带齐各种防护备品及通讯设备，并确认其性能良好。

（二）安全要求

1. 防护员在执行任务中，应严格按照《铁路工务安全规则》（以下简称《安规》）第2.2.5条～第2.2.18条的规定办理。驻站联络员与工地防护员随时保持联系，坚持每分钟通话一次，并作好记录。

2. 施工负责人未通知撤除防护，防护员不得自行撤除或离岗。

3. 如通信联系中断，现场防护员应立即以停车信号防护，并通知施工负责人停止作业，人员、机具下道，尽快将线路恢复到准许放行列车的状态。恢复工作未完，防护员不得撤离。

4. 驻站联络员应与车站值班员保持密切联系，要及时通知工地防护员转报施工负责人，做到双线区段一线来车双线下道。

二、单轨小车作业

(一)技术要求

1. 工区使用小车，工长须在前一

日通过车间向段调度申请登记，经批准给号后方可使用。

2. 小车装载须良好，不得超、偏载。

3. 须备有必要的防护和通讯设备。

4. 使用前必须对小车进行全面检查，确认状态及绝缘性能良好，方可使用。

（二）安全要求

1. 推行单轨小车时，必须由具有工班长以上职务人员担任施工负责人。推行小车人员须由经培训考试合格的路工担任，了解列车运行情况，对防护员实行统一指挥。

2. 必须有足够的人员，能保证随时将小车及物料等搬出线路以外。跟车人员不得离开小车。

3. 使用小车应有专人随车显示停车手信号，同时在小车前后各800 m处设现场防护员，显示停车手信号，随车移动。防护员应准确掌握列车运行情况。瞭望条件不良时，应增设中间防护员。遇紧急情况无法下道时，应采取措施，拦停列车。

在双线地段，单轨小车应面向来车方向在外股钢轨上推行。

4. 站内使用小车必须与车站值班员办理承认手续，了解股道占用和列车运行情况，并在其前后各 50 m 处显示停车手信号，随车移动防护。小车不得在靠站台一侧钢轨上行驶。

5. 双线地段使用小车，如遇邻线来车时，应将停车手信号收回，待列车通过后再行显示。

6. 在气候恶劣时，如降雾、暴风

雨及夜间，禁止使用。

7. 使用完后，应放置在固定的安全地点并加锁。任何人均不得将小车外借或作私人运输。严禁小车载人。

三、防护设置规定

(一)凡影响行车安全的施工，均应设置防护人员

进行线路封锁施工、慢行施工、钢轨探伤等作业及有人看守道口、线路故障防护，应配备和使用列车无线调度电话等通讯防护设备。

在区间线路上施工时，根据线路速度等级，使用移动停车信号的防护办法如下：

1. 单线区间施工时，如图1。

2. 双线区间一条线路上施工时，如图2。

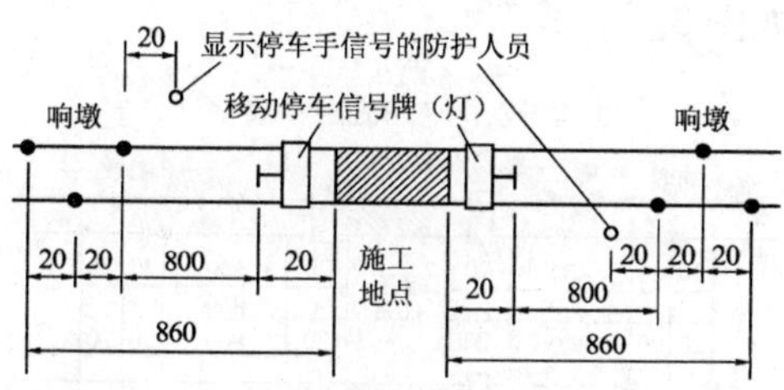

图 1（长度单位：m）

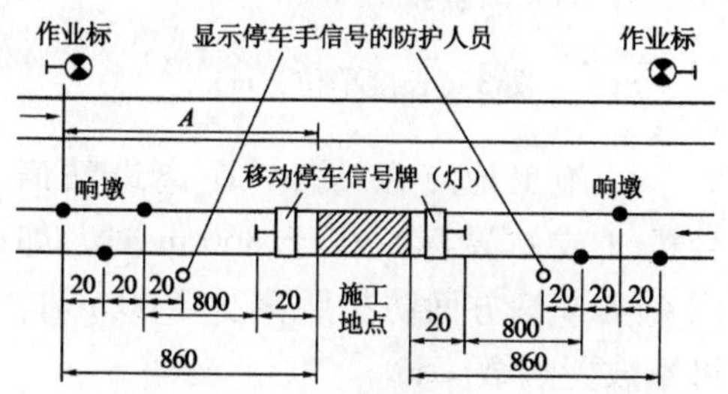

图 2（长度单位：m）

注：图中“*A*”为不同线路速度等级的防护距离，$v \leqslant 120$ km/h 时为 800 m，以下同。

3. 双线区间两条线路同时施工时，

如图 3。

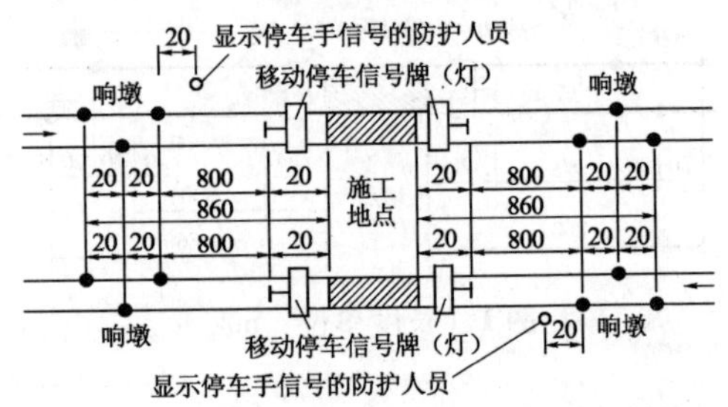

图 3（长度单位：m）

4. 施工地点在站外，距离进站信号机（或站界标）少于 860 m 时，如图 4。如车站方面防护距离少于60 m时，可不放置响墩。

在规定利用动能闯坡的区间施工，列车运行速度在 120 km/h 及以下线路，其防护距离（自施工地点至最外方第一个响墩间）不得小于 800 m。

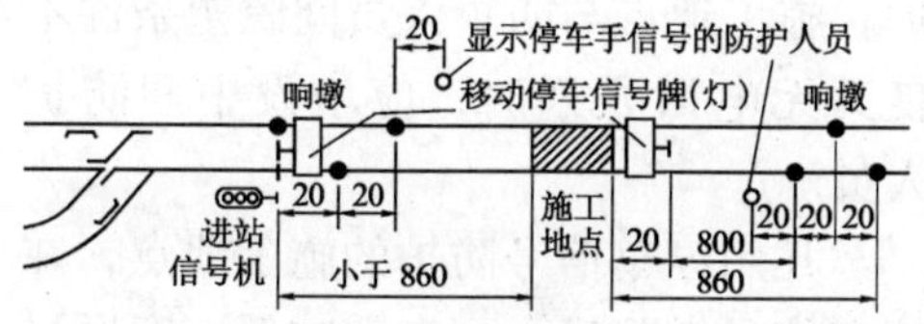

图 4（长度单位：m）

在区间施工，除按上述各项办法防护外，还应在车站与施工地点分别设专职联络人员和防护人员，用电话或无线电话联系。

工地防护人员应站在距施工地点的第一个响墩内 20 m 附近瞭望条件较好的地点显示停车手信号。响墩放置位置如恰在钢轨接头、道岔、道口、无砟桥上或隧道内时，应将响墩放置位置向外方延伸。在尽头线上施工，施工负责人经与车站值班员联系，确认尽头一端无列车、动车时，则尽头一端可不设防护。施工地点与防护人员间瞭望条件不良又无电话联系时，应增设中间防护人员。

凡用停车信号防护的施工地点，在停车信号撤除后，列车需减低速度通过施工地点时，应按减速信号防护的办法防护。

(二)在站内线路或道岔上施工，使用移动停车信号的防护办法

1. 在站内线路上施工

(1) 将施工线路两端道岔扳向不能通往施工地点的位置，并加锁或钉固，可不设置移动停车信号牌；如不能加锁或钉固道岔时，在施工地点两端各50 m处线路中心，设置移动停车信号牌防护，如图5。

(2) 如施工地点距离道岔少于

50 m时，将该道岔扳向不能通往施工地点的位置，并加锁或钉固；如不能加锁或钉固时，在警冲标相对处线路中心，设置移动停车信号牌防护，如图6。

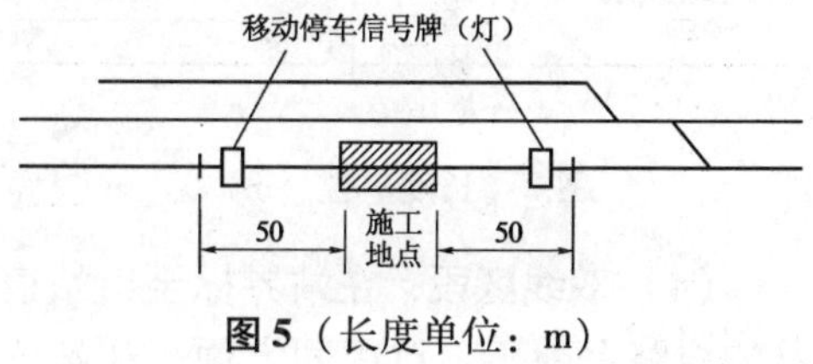

图5（长度单位：m）

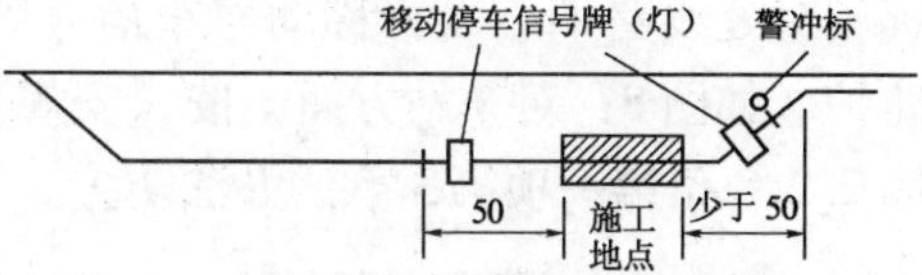

移动停车信号牌（灯）
警冲标
50
施工
地点
少于50

图6（长度单位：m）

（3）在进站道岔外方线路上施工，对区间方面，以关闭的进站信号机防护；对车站方面，在进站道岔外方基本轨接头处（顺向道岔在警冲标相对处）线路中心，设置移动停车信号牌防护，如图7。

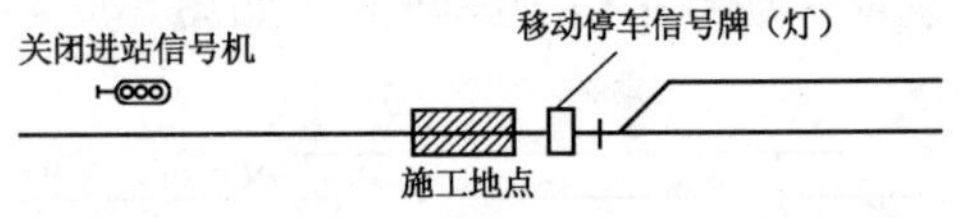

图7（长度单位：m）

（4）双线区段，在站界标至出站道岔的线路上施工，对区间方面，在站界标相对处线路中心设置移动停车信号牌防护，如图8；对车站方面，按《安规》第2.2.8条第一项第3款的办法防护。

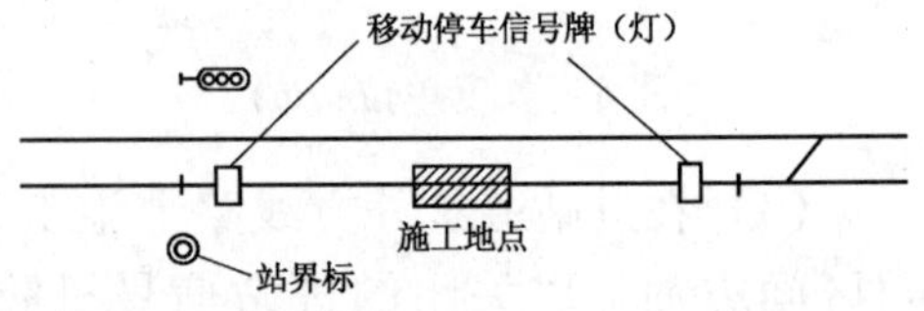

图8（长度单位：m）

2. 在道岔上（含警冲标至道岔尾部线路）施工

（1）在站内道岔上施工，一端距离施工地点50 m，另一端两条线路距离施工地点50 m，分别在线路中心设置移动停车信号牌防护，如图 9；如一端距离外方道岔少于50 m时，将道岔扳向不能通往施工地点的位置，并加锁或钉固。

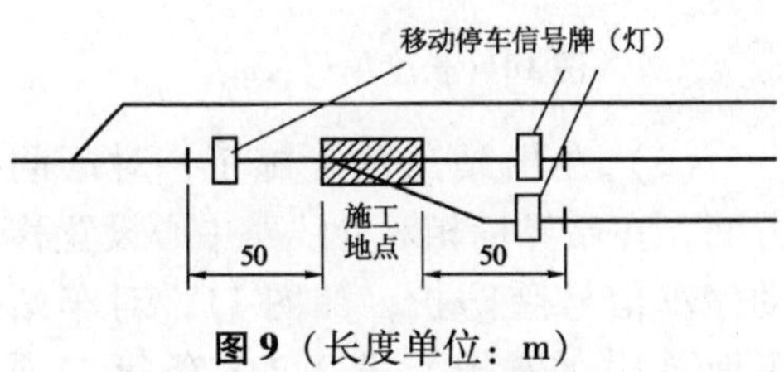

图 9（长度单位：m）

（2）在进站道岔上施工，对区间方面，以关闭的进站信号机防护；对车站方面，在距离施工点50 m线路中心设置移动停车信号牌防护；距临近道岔不足50 m时，在临近道岔后基本轨接头处设置移动停车信号牌防护，将有关道岔扳向不能通往施工地点的位置，并加锁或钉固，如图10。

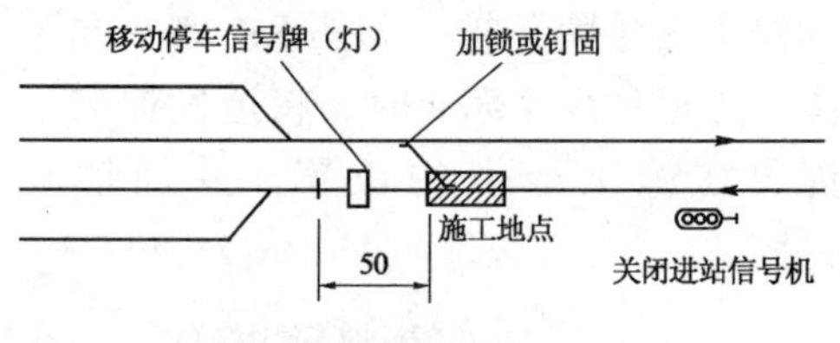

图10（长度单位：m）

（3）在出站道岔上施工，对区间方面，在站界标相对处线路中心设置移动停车信号牌防护，如图11；对车站方面，按《安规》第2.2.8条第二项第2款的办法防护。

（4）在交分道岔上施工，将有关道岔扳向不能通往施工地点的位置，并加锁或钉固，在施工地点两端50 m处线路中心设置移动停车信号牌防护，如图 12。

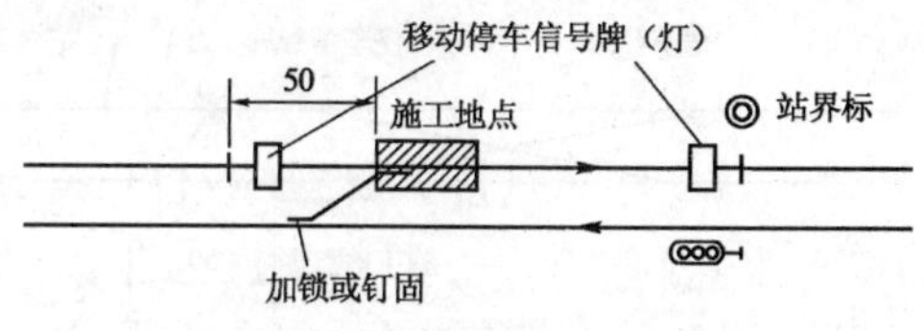

图 11（长度单位：m）

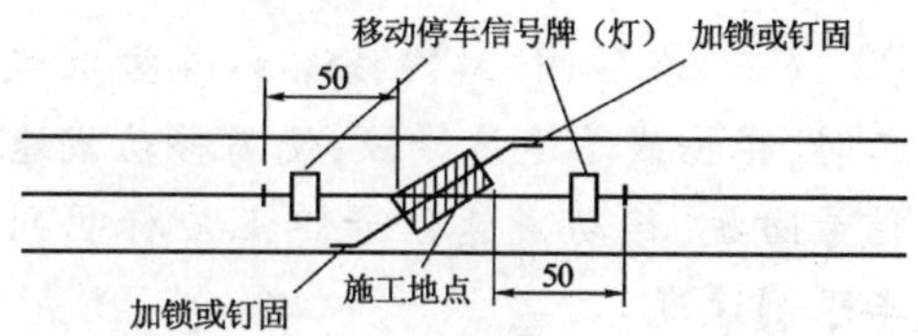

图 12（长度单位：m）

（5）在交叉渡线的一组道岔上施工，一端在菱形中轴相对处线路中心，另一端在距离施工地点 50 m 处线路中心，分别设置移动停车信号牌防护，将有关道岔扳向不能通往施工地点的位置，并加锁或钉固，如图13。

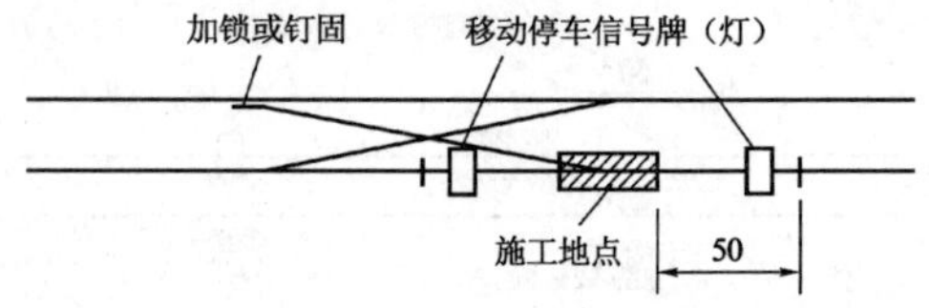

图13（长度单位：m）

（三）在区间、站内线路和道岔上施工时，根据线路速度等级，使用移动减速信号防护，移动减速信号牌上应标明列车限制速度

1. 在区间线路上施工时，根据线路和速度等级，使用移动减速信号的防护办法如下：

（1）在单线区间施工时，如图14。

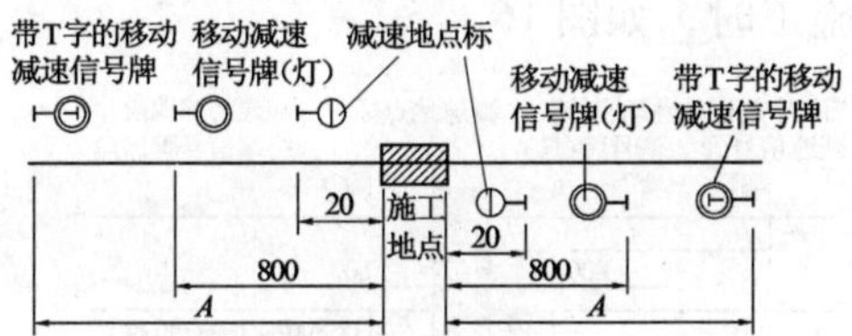

图 **14**（长度单位：m）

注：图中“*A*”为不同线路速度等级的防护距离，$v \leqslant 120$ km/h 时为 800 m，以下同。

（2）双线区间在一条线上施工时，如图 15。

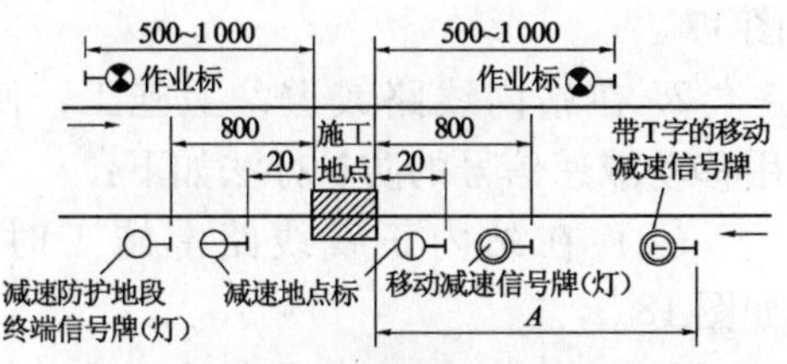

图 **15**（长度单位：m）

（3）双线区间在两条线路上同时

施工时，如图16。

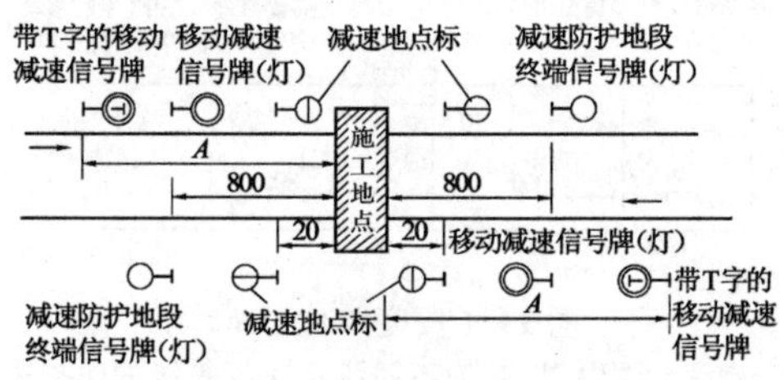

图16（长度单位：m）

（4）施工地点在站外，距离进站信号机（或站界标）少于800 m时，如图17。

2. 在站内线路或道岔上施工，使用移动减速信号的防护办法如下：

（1）在站内正线线路上施工时，如图18。

（2）在站内正线道岔上施工时，如图19。

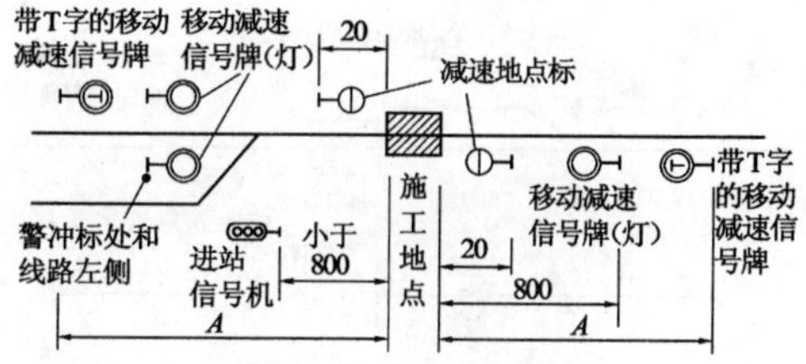

图 17（长度单位：m）

注：(1) 当站内正线警冲标距离施工地点小于800 m时,按800 m设置移动减速信号牌;

(2) 当站内正线警冲标距离施工地点不少于特快旅客列车制动距离时,不设置带T字的移动减速信号牌。

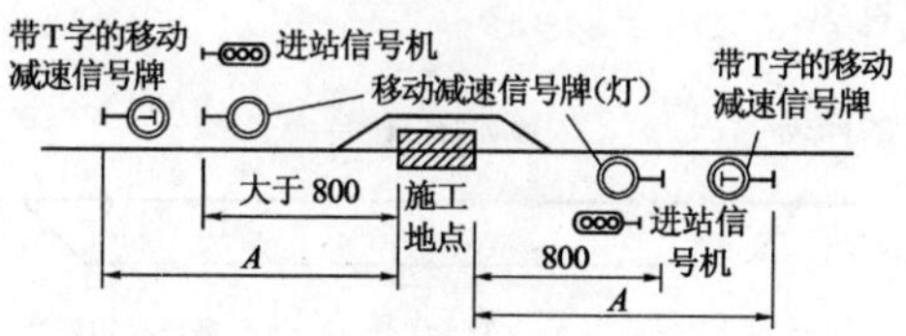

图 18（长度单位：m）

注：当进站信号机距离施工地点不少于特快旅客列车制动距离时，不设置带 T 字的移动减速信号牌。

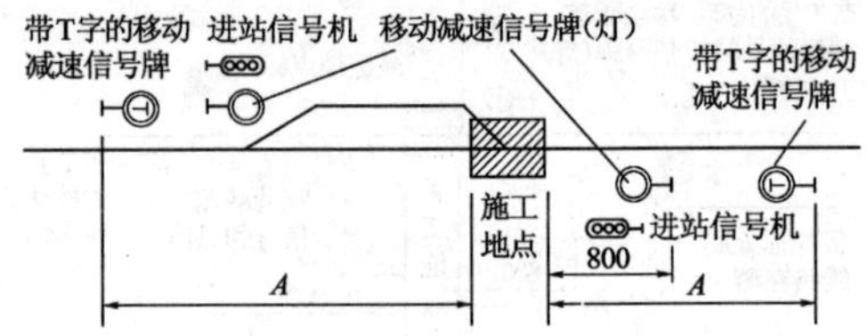

图 19（长度单位：m）

注：当进站信号机距离施工地点不少于特快旅客列车制动距离时，不设置带 T 字的移动减速信号牌。

（3）在站线线路上施工时，如图 20。

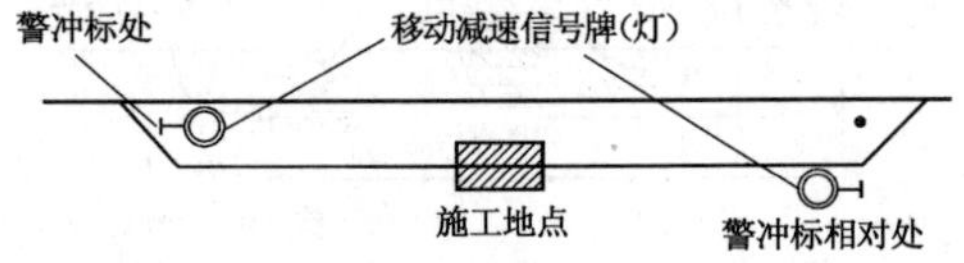

图 20（长度单位：m）

（4）在站线道岔上施工时，该道

岔中部线路旁设置两面黄色的移动减速信号牌，如图21。

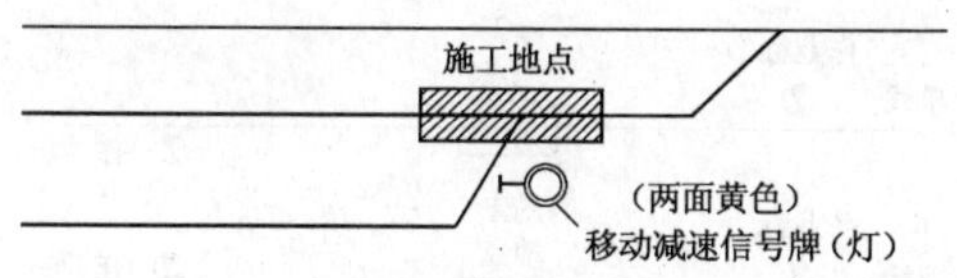

图21（长度单位：m）

凡线间距离不足规定时，则应设置矮型（1 m高）移动减速信号牌。在移动减速信号牌上，应注明规定的慢行速度。

（四）在不需要以停车信号或移动减速信号防护的区间线路设置作业标

在不需要以停车信号或移动减速信号防护的区间线路上作业，应在施工地点两端500～1 000 m处列车运行方向左侧（双线在线路外侧）的路肩上设置作业标，如图 22。列车接近该标时，司机须长声鸣笛，注意瞭望。

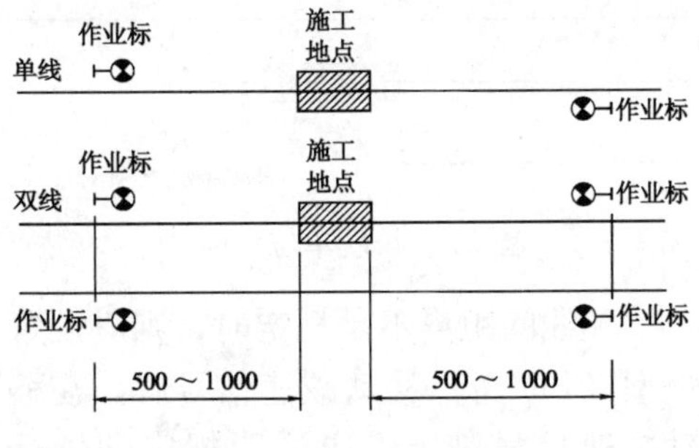

图 22（长度单位：m）

四、线路发生危及行车安全故障时的防护办法

线路发生危及行车安全故障时的防护办法如下：

1. 立即使用列车无线调度电话等通信设备通知车站或运行列车，并在故障地点设置停车信号，如瞭望困难，遇降雾、暴风雨（雪）、扬沙等恶劣天气或夜间，还应点燃火炬。设有固定信号机时，应先使其显示停车信号。

2. 当确知一端先来车时，应先向该端，再向另一端放置响墩（如图23），然后返回故障地点。

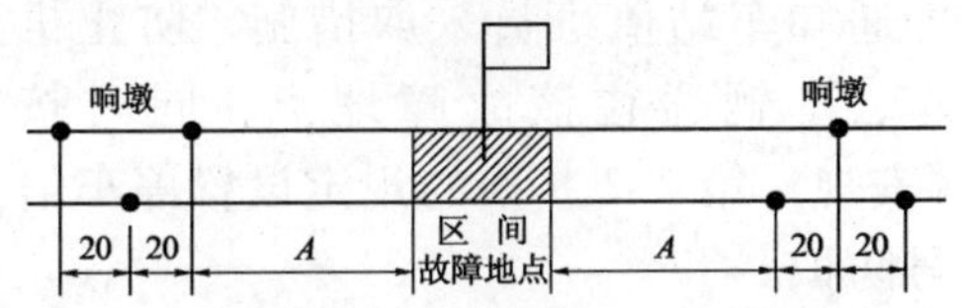

图23（长度单位：m）

注：图中“A”为不同线路速度等级的防护距离，$v \leqslant 120$ km/h 时为 800 m；120 km/h $< v \leqslant 160$ km/h 时为 2 000 m。

3. 如不知来车方向，应在故障地点注意倾听和瞭望，发现来车，应急速奔向列车，用手信号旗（灯）或徒手显示停车信号，并将响墩放置在能赶到的地点，使列车在故障地点前停车。如瞭望困难，遇降雾、暴风雨（雪）、扬沙等恶劣天气或夜间，发现来车后，奔向列车前，应在故障地点点燃第二支火炬。

站内线路、道岔发生故障时，应立即通知车站值班员采取措施，防止机车、车辆通往该故障地点，同时按《安规》第2.2.8条的规定设置停车信号防护。

五、人身安全基本要求

（一）人身安全

1. 单位应经常对员工进行人身安全教育，组织学习安全规章及有关操作技术。员工在任职、提职、改职前，必须经过段或段以上单位教育培训，考试合格。新工人、临时工必须提前进行安全技术教育，并经考试合格。未经安全技术教育或经教育但考试不合格者，不得上道作业。

2. 从事轨道车驾驶、大型养路机械驾驶和操作、钢轨探伤、钢轨焊（熔）接工作及特种设备操作人员，必须经过专业培训、考试合格，取得相应资格，方可上岗。

3. 进行接触粉尘、有毒物品、易燃、易爆物品的作业，使用电器、机械，以及高空作业等，必须按规定使用劳动保护用品。

4. 易燃、易爆及有毒物品必须有专人保管，储藏时应与建筑物、烟火及水源隔离；搬运装卸及使用时，应严格按规定程序操作，慎防起火、爆炸和中毒。

5. 野外作业遇雷雨时，作业人员应放下手中的金属器具，迅速到安全处所躲避，严禁在大树下、电杆旁和涵洞内躲避。酷暑、严寒季节，应采取措施，防止中暑、溺水、冻伤和煤气中毒。

6. 作业人员严禁班前、班中饮酒，夜间作业必须保证不少于8 h休息。

7. 作业人员必须按规定着装，上道时，严禁衣帽遮耳，严禁使用手机。

8. 严禁无防护上道作业。

9. 严禁单人（岗）在线路上行走。

10. 劳务工必须在路工的监护下作业。

11. 作业人员上下班必须行走路肩，严禁在小于10 m的线间和跨线避车。

12. 在桥梁上、隧道内时，必须进

避车台（洞）内避车；横越线路时，严禁抢越、扒车、钻车或穿越两车间，严禁在车辆间接递工具、材料；严禁坐卧钢轨、枕木头、道床边坡。

13. 高空、深坑及立体交叉作业时，必须按规定戴安全帽、系安全绳（带）、挂安全网。

14. 复线地段，大机、轨道车作业，严禁在邻线侧上下车；多线和站内必须确认无来车时，方能上下车。

15. 桩基作业时，严禁乘坐卷扬机上下基坑。

16. 接触网或高压电线 2 m 以内，未停电时严禁作业。

17. 桥上栏杆缺损，未采取防护措施，严禁站在线路外侧作业。

18. 架空线路施工，在列车通过时，严禁作业人员停留在施工便梁下。

19. 复线施工（三级及以上），线间距不足6.5 m时，必须在线间设置警戒线。

20. 复线地段，严格执行“一线来车，两线下道”的规定（本线封锁、慢行施工按《铁路工务安全规则》(铁运〔2006〕177号）执行)。

（二）避车的要求

1. 线路作业和巡检人员，必须熟悉管内的线路设备情况、列车运行速度、密度和各种信号显示方法，并注意瞭望，及时下道避车。

2. 步行上下班，原则上在封闭网外行走。在不具备条件的地段，只能在列车运行速度小于160 km/h的时间段内，在路肩上或安全地段行走。

作业人员避车时应遵守以下规定：

（1）作业人员不得到邻线避车。

（2）本线来车按以下规定避车：

a. 60 km/h < v_{max} ≤120 km/h时，不小于 800 m，距离钢轨头部外侧距离一般应满足 2 m；

b. 120 km/h < v_{max} ≤160 km/h 时，不小于 1 400 m，距离钢轨头部外侧距离，不小于 2.5 m；

c. 160 km/h < v_{max} ≤200 km/h 时，不小于 2 000 m，距离钢轨头部外侧距离，不小于 3.0 m。

3. 邻线（线间距小于 6.5 m）来车下道规定：

（1）本线封锁时：

a. 60 km/h < 邻线速度 v_{max} ≤120 km/h 时，来车时可不下道，但本线必须停止作业；

b. 瞭望条件不良，邻线来车时本

线必须下道。

（2）本线不封锁时

a. 邻线速度 v_{max}≤120 km/h 时，本线可不下道；

b. 瞭望条件不良，邻线来车时本线必须下道。

人员下道避车时应面向列车认真瞭望，防止列车上的抛落、坠落物或绳索伤人。

人员下道避车的同时，必须将作业机具、材料移出线路，放置、堆码牢固，不得侵入限界，两线间不得停留人员和防止机具、材料。

（三）工间休息的要求

1. 作业人员工间休息时，应在距线路限界以外的安全地方，禁止在边坡上及危岩下休息。

2. 严禁作业人员跳车、钻车、扒车和由车底下、车钩上传递工具材料。休息时不准坐在钢轨、轨枕头及道床边坡上。绕行停留车辆时，其距离应不小于5 m，并注意车辆动态和邻线上开来的列车。

3. 遇有降雾、暴风雨（雪）、扬沙等恶劣天气影响瞭望时，应停止线上作业和上道检查。必须作业时，应采取特殊安全措施，保证来车之前按规定的距离及时下道。

4. 线路允许速度 $v_{max}>120$ km/h 的区段，巡道、巡守人员应在路肩上行走，并注意察看线路状态。

（四）线路作业

1. 作业前，施工作业负责人和机具使用人员应对机具进行检查，机具状态不良或安全附件失效的机具严禁上线使用。

2. 线路施工作业，必须在符合规定的施工负责人领导下进行。施工负责人应根据人员、作业项目、天气等情况，具体布置安全事项。

大、中、维修施工，作业地段不宜过长，并不得指派单人到防护区段以外的线路上作业。

3. 在线路上进行下列作业时应注意：

（1）维修作业严禁使用齿条式起道机。

（2）多人在一起作业时应统一指挥，相互间应保持一定的安全距离，防止工具碰撞伤人。

（3）分组人工捣固时，前后距离应不小于3根轨枕，作业人员前脚不得伸出轨枕边缘。多组捣固机械同时捣固时，前后距离应不小于3 m，走行应保持同步。

(4) 使用撬棍拨道时，撬棍应插牢，听从指挥，统一行动，严禁骑压或肩扛撬棍拨道。

(5) 改道打道钉时严禁锤击钢轨，不准用捣镐打道钉。分组打道钉时，前后距离应不小于6 根木枕。在无人行道的桥面上作业时，起钢轨外口道钉应站在道心内侧，并使用专用起钉器或弯头撬棍等特制工具。

(五)在电气化区段上作业

1. 在电气化区段通过或使用各种车辆、机具设备不得超过机车车辆限界，作业人员和工具与接触网必须保持2 m以上的距离。

2. 在距离接触网带电部分不足2 m时，使用高梯搭设脚手架进行隧道的检查、漏水整治、衬砌修理、油刷标志、除冰、隧道口的粉刷装饰、建筑物上作业、桥上使用高压水清洗钢梁和上承载式桁梁和上跨限界检查，必须按规定办理接触网停电申请手续，得到许可停电施工命令，并有接触网工区派人安设临时接地线后方能施工。

3. 在距离接触网带电部分2～4 m的建筑物上施工时，接触网可不停电，但必须由接触网工或经专门训练的人员现场监护。

4. 发现接触网断线及其部件损坏或在其上挂有线头、绳索等物时，人员不准直接或间接与之接触；在接触网检修人员未到达前，应距断线接地处10 m以外设置防护，严禁人员接近。

5. 在接触网支柱及接触网带电部分5 m范围以内的金属结构均必须接地。在与接触网相连的支柱及金属结构上，若未装设接地线或接地线已损坏时，严禁人员与之接触。

6. 使用发电机、空压机、搅拌机等机电设备时，应有良好的接地装置。在可能带电部位，应有“高压危险”的明显标志和防护措施。各种机械与车辆不准用水冲洗；施工用的水管不准跨越接触网，不准用射水方式进行圬工养生。

7. 在电气化区段清除危石、危树或进行爆破作业时，应有供电部门人员配合；有碍接触网及行车安全时，应先停电后作业。

8. 施工中，任何作业均不得影响接触网支柱、地锚等设施的稳定。

(六)搬运与装卸作业

1. 搬运及装卸重物时，应尽量使用机械作业；人力操作时，应统一指挥，动作一致；夜间应有充足的照明。

用滑行钢轨装卸钢梁及其他重型机械设备时，滑行钢轨应支撑牢固，坡度适当，滑行前方严禁站人，后方应有保险缆绳。

2. 装卸长钢轨，钢丝绳与挂钩、固定器等应联结牢固，人员不得站在移动前方和钢丝绳附近。

长轨车运行中，人员必须离开轨端3 m以外，并严禁在长轨上走动；卸轨时，撬棍不得插入长轨移动方向的横梁后面，前一根长轨通过本车后方能拨动后一根就位，严禁在悬空的长轨下作业，并注意防止长轨尾端落下时摆动伤人。

3. 运料列车开车前，负责人应确认有关人员已上车坐稳方可开车；列车未停稳前，卸车人员不得打开车门及做其他影响安全的准备工作。开车门前，车上人员应离开车门，车下人员不得站在车门下面。

4. 轨道平车的随乘人员应坐稳扶牢，不准坐在堆放较高的物体上和车体连接处，车未停稳，人员不能上下车。装载路料、机具的轨道平车不准搭乘人员。确因工作需要乘坐人员时，必须安装围栏及扶手。

单轨小车严禁搭乘人员。

5. 搬运、装卸有毒、有害物品时，必须按规定穿戴防护用品。

6. 换装或搬运钢轨、混凝土枕、辙叉等笨重轨料，应有专人指挥，尽量在平整的地面行走；必须在坑洼不平或在线路上行走时，应注意踏稳踩牢。

7. 整组道岔在既有线上做铺设前的纵向移动时，应由施工负责人统一指挥，合理布置移动轮，平稳移动。轨枕间或移动前方不得站人。

（七）机具使用

1. 上道使用的机具必须通过产品认证，未经认证的不得上道使用。

2. 机具使用前应确认油、水、电、连接件是否符合使用要求，防护装置是否齐全、可靠，显示仪表是否正常，整机是否符合现行的安全使用办法。使用中发现故障需紧急处理时，应先停机，切断电路、风路、动力油路等，撤离线路建筑限界以外进行处理。在未确认故障已得到处理的情况下，不得继续使用。

机具应由专业组或专业人员负责使用、检修、保养、登记工作日志。

3. 皮带轮、皮带、链轮、链条、齿轮、砂轮、砂轮切割片和风扇等露出机体的传动和转动部件，应有符合设计图纸规定的防护设施。转动部件应标有旋转方向指示标志。只允许一个方向旋转的设备，应设置有反转自锁装置。

4. 切轨机、打磨机、电焊机等机具操作人员应按规定穿戴劳动保护用品。机具应按规定安装漏电保护装置。

5. 用锯轨机切割钢轨时，其他人员应远离锯轨机两侧和前方，防止锯片破碎伤人；钢轨打磨时，其他人员应远离打磨前方；焊补钢轨、辙叉时，电焊机应采取接地措施，防止人员触电灼伤；钢轨焊接时，应严格按操作规程操作，防止烫伤。

6. 使用氧乙炔设备时，操作人员必须按规定穿戴劳动保护用品，其他人员应远离喷嘴前方，防止烧伤。乙炔瓶不得靠近热源和电器设备。乙炔瓶与明火的距离不得小于10 m，与氧气瓶间的距离不得小于5 m。

7. 多台机械配合作业时，应明确施工负责人与安全负责人之间、机械与机械之间的联系方式，并由施工负责人负责现场指挥。在时间允许的情况下，任何一台机械的启动或停机，都应提前通知施工负责人和安全负责人，并及时通知相关机械的操作人员。

8. 在无人行道栏杆的桥梁上操纵动力机械时，应设置安全栅栏。

六、故障处理

（一）工务设备故障处理程序

当工务人员作业或设备检查发现设备故障后，按下列程序办理：

1. 对行车安全有影响的要立即采取封锁或限速措施。

2. 立即向车站、行车调度、工务段调度汇报，工务段调度同时向局工务调度汇报。

3. 工务驻站防护接现场检查汇报后，在车站进行登记签认。

4. 由调度员发令进行设备故障处理，需轨道车或机车出动时，调度员需立即安排。

5. 故障处理完毕由现场施工负责人确认后，通知驻站防护在车站销点。

6. 对不需要当即处理的设备故障，

要确定天窗内整修方案，报工务段批准方可实施。在故障地点对应封闭网外设置临时监护。

（二）线路钢轨（焊缝）折断故障的处理

线路钢轨（焊缝）折断时，应按《安规》第2.2.12条的规定设置停车信号防护，断轨处理后的放行列车条件按以下要求办理：

1. 检查要求

（1）按故障区间里程确定抢修上线的抢修封闭网口。

（2）通知相应轨道车待命，随时准备出发。

（3）检查钢轨、携带机具及防护人员分工。

（4）带齐抢修机具奔赴确定的封

闭网口。

（5）上线后按分工逐段检查，对轨道电路闭塞分区必须检查到区段终端。

2. 处理措施

（1）紧急处理

当断缝为垂直断裂且断缝拉开不大于50 mm、上下左右无严重错牙时，迅速采用鼓包夹板及急救器进行临时加固，将短路铜线或回流线连接在断轨处两端，沟通信号，随即复紧断缝前后50 m扣件，根据现场实际情况，限速5 km/h开通线路；当断缝小于30 mm时，限速15 ~ 25 km/h开通线路。在采取有效加固措施后，根据现场情况，适当提高放行列车速度。

（2）临时处理

钢轨折损严重或断缝大于50 mm，

不能立即焊接修复时，应封锁线路，切除伤损部分，两锯口间插入长度不短于12 m的同型钢轨，轨端钻孔，上接头夹板，用10.9 级螺栓拧紧。在短轨前后各50 m范围内，拧紧扣件后，按不大于120 km/h的速度放行列车。

临时处理时，应先在断缝两侧轨头非工作边做出标记，标记间距离约为14 m，并准确丈量两标记间的距离和轨头非工作边一侧的断缝值，作好记录。

(三)伤损钢轨的处理

1. 重伤

检查发现重伤钢轨后，应先将列车运行速度降至120 km/h 及以下，同时派员现场监护，由工务段立即组织更换。现场监护人员根据钢轨伤损发展情况确定列车运行速度，必要时封锁区间。

2. 轻伤有发展

当发现轻伤有发展钢轨时，立即上夹板加固，放行列车速度不得超过 160 km/h，并在 24 h 内进行永久处理。

（四）无缝线路胀轨的处理

1. 当发现线路出现连续碎弯并有胀轨迹象时，要立即采取限速或封锁措施，并安排专人巡查、监视，工务段主管段长立即到现场进行组织处理，待线路稳定后，逐步提高行车速度，恢复正常速度。

2. 作业中如出现轨向、高低不良时，必须停止作业，并及时采取防胀措施。

（五）胶接绝缘接头拉开或失效的处理

1. 当胶接绝缘拉开时，应立即复

紧两端各 50 m 线路扣件，并加强观测，之后有计划地在天窗点内进行更换。

2. 当绝缘失效时，应立即更换，进行永久性处理。如暂不能永久处理，可更换为备用高强绝缘接头进行临时处理并限速（速度不超过 120 km/h）。进行永久处理时，应保证修复后无缝线路锁定轨温不变。

（六）红光带故障的处理

任何情况下接通知后，工务检查人员带上通讯工具、回流线 3 根、道钉锤、450 mm活口扳手 1 把、信号备品、照明工具，按照规定的故障检查处理程序配合电务进行巡查。当故障查明是电务问题，按规定配合登记处理；当工电双方均未发现问题时，工务人员继续巡查故障影响的整个轨道电路闭塞分区，特别对胶接绝缘失效、扣件联电及断轨进行重点排查，直到任何一方发现问题时再登记，按预案处理。

（七）动态检查严重超限的处理

1. 轨检车及动检车

轨检车及动检车检查Ⅳ级超限时，随车工务人员及时通知局工务调度，由局工务调度立即联系行车调度并通知相关站段封锁线路，工务相关人员立即赶赴现场组织检查整修，整修后视现场情况确定放行列车速度。

2. 人工添乘严重晃车

司机或工务添乘人员感觉严重晃车时，机车乘务员立即通知行车调度、工务人员立即通知局工务调度封锁线路，工务相关人员立即赶赴现场组织检查整修，整修后视现场情况确定放行列车速度。

（八）静态检查严重超限的处理

当线路、道岔几何尺寸超过规定值时，整修后视现场情况确定放行列车速度。

（九）道岔故障的处理

发生道岔故障后，要立即赶赴现场检查处理，对道岔转辙部和轨道电路区段范围内进行认真检查，确定故障位置及原因，以最快速度排除故障，恢复设备的使用。在故障未彻底排出前，有关人员不得撤离现场。

1. 非渡线道岔尖轨、尖轨基本轨折断

第一步：封锁折断钢轨运行方向的一侧线路（直或曲股），开通非折断钢轨一侧线路（必要时对折断处所进行加固），并按 45 km/h 及以下速度放行列车，具体由现场抢修负责人确定。

第二步：组织更换折断尖轨或尖轨基本轨，并实施永久性冻结或焊接，常速开通线路。

2. 渡线道岔直尖基本轨折断

第一步：封锁直曲股线路，道岔开向直股正位，曲股钩锁钉固。

第二步：对折断钢轨进行紧急加固处理。

（1）断缝位于易于加固处所时，应立即用平夹板及急救器进行加固。

（2）断缝位于不易用夹板及急救器加固处所时，若能使用防爬器，则用防爬器卡紧断缝处轨底；不能使用防爬器时，应立即采用重型钩锁器对尖轨和尖轨基本轨进行钩锁加固，并在折断处所枕盒轨底穿短枕木头、加钉道钉、上轨距杆等进行加固。

（3）当基本轨轨面揭盖时，应插入不短于6 m 的钢轨。

第三步：开通直股线路，限速45 km/h及以下放行列车。

第四步：组织更换折断尖轨基本轨，并实施永久性冻结或焊接，常速开通线路。

3. 渡线道岔曲尖基本轨折断

第一步：封锁直曲股线路，道岔开向直股正位，曲股钩锁固定，折断处所穿入短木枕，捣实线路，采用分开垫板扣件固定钢轨外侧轨底或用轨距杆固定钢轨；条件许可的采用断轨急救器或钻孔上夹板。

第二步：锁定曲股线路，开通直股线路，限速 45 km/h 及以下放行列车。

第三步：组织更换折断尖轨基本轨，并实施永久性冻结或焊接，常速开通线路。

4. 非渡线道岔可动心部分翼轨折断

第一步：封锁折断翼轨一侧线路。直股一侧运行方向翼轨折断，封锁直股线路并加锁，按规定速度开通曲股一侧线路；曲股一侧运行方向翼轨折断，封锁曲股线路并加锁，常速开通直股线路。

第二步：组织更换可动心辙叉，并实施永久性冻结或焊接，常速开通线路（第一列禁止放行动车组）。

5. 渡线道岔可动心部分翼轨折断

（1）曲股方向翼轨折断，预案同非渡线道岔。

（2）直股方向翼轨折断。

第一步：道岔开向直股方向锁定，可安装急救器部分，采用急救器加固；翼轨弯折部分，采用特制短平夹板将长心轨和翼轨进行顶锁，同时加垫短木枕。慢行5～25 km/h开通直股线路。

第二步：组织更换可动心辙叉，并实施永久性冻结或焊接，常速开通线路（第一列禁止放行动车组）。

6. 可动心轨折断

第一步：道岔开向直股方向锁定，可安装急救器部分，采用急救器加固；心轨与翼轨密贴部分，采用特制短平夹板将长心轨和翼轨进行顶锁，同时加垫短木枕。慢行5～25 km/h开通直股线路。

第二步：组织更换折断可动心轨辙叉，并实施永久性冻结或焊接，常速开通线路（第一列禁止放行动车组）。

7. 可动心辙叉更换基本程序

第一步：将既有线上折断可动心辙叉拆除，必要时可使用氧焊切割。

第二步：对正线旁邻线有站线的处所，由轨道车将可动心辙叉运至对应地点；对邻线没有站线处所，在相对应的正线要临时点将备用辙叉滑入组织更换。

第三步：用预先准备的三段短钢轨搭设滑轨，将备用辙叉滑入指定地点组织更换。

第四步：当日不能施实焊接时，应钻孔上好夹板，按不大于 120 km/h 速度开通线路，次日天窗点内实施永久性焊接，常速开通线路。

（十）水害处理

发生水漫线路、路基下沉、堑坡溜

坍、滑坡、崩塌落石等水害时，工务部门要果断采取限速或封锁区间措施，宁可错拦，不可错放。同时立即启动抢险应急预案，按照“分工合作，逐级负责”的原则，全力组织抢修。对于难度大、技术复杂的水害点，路局立即组织有关专家赶赴现场，分析原因，确定抢修方案及行车条件。

抢修方案既要考虑先通后固，又要考虑确保行车安全和正式修复工程的条件；抢修作业应优先考虑大型机械及机械化施工；抢修通车后立即进行改善加固，消除水害隐患，逐步提高运行速度，尽快恢复正常运输秩序。

1. 水漫线路

主要有两种类型：

一是来势汹涌，水位上涨迅猛，破坏性强，但持续时间短，受害范围较小，如山洪暴发或附近水库溃决时易发生。

采取措施：

（1）可以设法防止水过路基时，可先加高上游路肩，防止路基过水。

（2）无法防止水过路基时，应先行用片石、防冲排等防护路基下游坡面，使漫水时路基不致冲决。

二是水位上涨缓慢，但持续时间长，受害范围较大，路基由于长期浸水容易松软坍陷，如长时间降暴雨，江河或水库堤坝溃决，滞洪范围较大时易发生。

采取措施：

（1）加高上游路肩，防止水漫过路基。

（2）用草袋防护道床及路基坡面，将水引过路基。

（3）通过道床设排水槽引水过路基。

（4）路堑两侧用草袋压护道床。

（5）人为挖断路基，成为过洪通道，以免发生大面积路基冲决。

（6）与地方联系，调节上游水库、电站蓄洪能力，减轻铁路路基承受洪水压力。

2. 路基陷穴

石灰岩分布地区岩溶发育，易发生地基下沉，造成路基陷穴。

采取措施：

（1）在汛期时，对已出现的溶穴或可能出现的溶穴加强巡查、监控。当发现地面出现裂缝、陷穴时，应及时夯填，切断地表水，防止事态扩大。

（2）对石灰岩裂隙以育地区，压注水泥浆，填充裂隙，防止地基发生突然下沉。

3. 路基下沉

采取措施：

（1）在汛期中，对已出现的下沉或可能出现的下沉地段，加强巡查、监控。如发现路基下沉时，应立即采取补砟、起道等措施。

（2）当路基下沉量已经危急行车安全时，应限速慢行或封闭区间。采用路基加固等紧急抢修，以临时通车。

复习思考题

1. 防护员具备什么条件才能担任？

2. 防护员需带的备品有哪些？

3. 区间使用单轨小车有何规定？

4. 画出双线区间两条线路同时施工的防护图。

5. 在双线区间一条线路施工时，使用移动减速信号防护办法是什么？

6. 区间线路发生故障的防护办法是什么？画图说明。

7. 巡检人员让车时有何规定？

8. 在电气化区段作业时的注意事项有哪些？

9. 路基下沉的处理方法是什么？

第二部分

线路作业

一、手工扒道床作业

(一)技术要求

扒砟应做到“三够一清”。

1. 长度够：自轨底中心向两侧各扒 400 ~ 450 mm；

2. 深度够：不起道时扒到枕底以下 10 ~ 20 mm，起道在 10 mm 左右时留砟量为起道高度的两倍；

3. 宽度够：扒至距被捣固的轨枕侧面约 100 mm，坡度为 1∶1.5；

4. 一清：轨底应扒清。

(二)注意事项

1. 施工负责人应由工（班）长或经培训考试合格的人员担任。

2. 区间线路作业，应在两端各 500 ~ 1 000 m 处设置作业标防护；站内作业应在车站登记，在繁忙的调车场及驼峰上下的线路、道岔群等处所作业，须设专人防护。

3. 轨道电路地段作业，不得损坏电务设备，在绝缘接头处扒砟，要注意工具不得接触两根钢轨，以防联电。

4. 作业完毕，应尽快回填、夯实道床。

5. 无缝线路（含冻结无缝线路）严格按照《铁路线路修理规则》(以下简称《修规》）相关作业轨温条件办理。

二、起道作业

(一)技术要求

1. 起道后线路目视平直，几何尺寸符合《修规》作业验收标准要求。

2. 与起道相关的作业项目，整修

后应达到相关标准。

(二)注意事项

1. 施工负责人应由工（班）长或经培训考试合格的人员担任。

2. 区间线路作业，应在两端各500~1 000 m处设置作业标防护；站内作业应在车站登记，在繁忙的调车场及驼峰上下的线路、道岔群等处所作业，须设专人防护。

3. 施工负责人应随时掌握列车运行情况，严格控制起道长度，来车前做好对撬顺坡并加强捣固，达到放行列车条件。

4. 起道高度一次不得超过40 mm。在电气化区段，单侧起道一次不得超过30 mm，隧道、桁架桥梁不得超过限界尺寸线。若超过上述规定时，须事先通知接触网工区予以配合。

5. 起道顺坡应符合规定，作业时不小于起道量的200倍，收工时不小于400倍。

6. 接头处起道，起道机应放在中间，不得偏斜；绝缘接头处严禁放置起道机。起曲线外股时，起道机应放在外口，以防跑道。

7. 无缝线路（含冻结无缝线路）严格按照《修规》相关作业轨温条件办理。不得在焊缝处放置起道机。

三、方正轨枕作业

（一）技术要求

1. 轨枕位置、间距偏差或偏斜正、到发线不超过50 mm，其他站线不超过60 mm，$Ⅲ_b$型枕不超过10 mm，用方尺校正。

2. 无缝线路的铝热焊缝距枕边不少于40 mm。

3. 几何尺寸、道钉、扣件、防爬设备等符合《修规》作业验收标准要求，捣固密实，恢复道床。

(二)注意事项

1. 施工负责人应由工（班）长或经培训考试合格的人员担任。

2. 区间线路作业，应在两端各500 ~1 000 m处，设置作业标防护；站内作业应在车站登记，在繁忙的调车场及驼峰上下的线路、道岔群等处所作业，须设专人防护。

3. 起钉或松动螺帽不应过高，以不影响轨枕方动为准，列车到达前应打紧或拧紧。如需连续方正轨枕，应结合抬道捣固一起进行，方枕应用方枕器，严禁用道钉锤、捣镐击打枕木。

4. 在绝缘接头处方枕，应注意防止联电。

5. 无缝线路（含冻结无缝线路）严格按照《修规》相关作业轨温条件办理。

四、手工捣固作业

(一)技术要求

1. 捣固必须做到“五够”，即力量够、高度够、长度够、八面捣固够、捣固镐数够。

2. 捣固后线路几何尺寸符合《修规》作业验收标准要求，正线、到发线空吊板率均不超过 8% ，其他站线不超过 12% 。

（二）注意事项

1. 施工负责人应由工（班）长或经培训考试合格的人员担任。

2. 区间线路作业，应在两端各 500～1 000 m 处设置作业标防护；站内作业应在车站登记，在繁忙的调车场及驼峰上下的线路、道岔群等处所作业，须设专人防护。

3. 捣固前应检查镐窝是否达到“三够一清”。

4. 多人分组捣固时，其前后距离不少于三根以上轨枕，作业人员前脚不得伸出轨枕边缘。

5. 两人同时捣固时，双手要用力握住镐把，防止镐头摆动伤人。

6. 轨道电路区段捣固，不得损坏电务设备；绝缘接头处，镐头不得搭接轨缝，以防联电。

五、小型机械捣固作业

（一）技术要求

1. 捣固后线路几何尺寸符合《修规》作业验收标准要求，正线、到发线空吊板率均不超过8%，其他站线不超过12%。

2. 捣固范围按道砟运动轨迹观察，应达到钢轨两侧各400～450 mm。

3. 捣固时落镐位置要准确，下插深度及夹实时间按线路状况及各型机械的相关规定办理。

（二）注意事项

1. 施工负责人由工长担任。机械操作人员须由经过技术业务培训，并考试合格的路工担任。

2. 施工防护严格按照《安规》第 2.2.7 条的规定执行，办理施工封锁手续，设置移动停车信号防护。

3. 驻站联络员应与车站值班员保持密切联系，与工地防护员至少每 3 ~ 5 min通话一次。如通信联系中断，工地防护员应立即通知施工负责人停止作业，机具下道，尽快将线路恢复到允许放行列车的条件。恢复工作未完，不得撤除防护人员。

4. 机具下道架应有专人负责，随主机移动，距离保持在 15 m 以内。

5. 禁止在线路上检修机具或带电检修。

六、拨道作业

(一)技术要求

1. 直线目视顺直，用 10 m 弦测量，轨向误差符合《修规》作业验收标准要求。

2. 曲线无“鹅头”及反弯，用20 m弦测量，正矢误差符合《修规》第3.7.10条的规定。

（二）注意事项

1. 施工负责人由工（班）长担任。

2. 区间线路作业，应在两端各500～1000 m处设置作业标防护；站内作业应在车站登记，在繁忙的调车场及驼峰上下的线路、道岔群等处所作业，须设专人防护。

3. 一次拨道量不得超过40 mm，来车前做好顺撬，拨后必须回检。拨道量超过40 mm时，应按照《安规》第2.1.12条、第2.2.1条的规定办理。

4. 使用手工拨道工具时，撬棍要

插牢，统一指挥，动作一致。

5. 使用液压拨道器拨道时，不得少于3台，并做到统一动作。

6. 在电气化线路上拨道量超过±30 mm，一侧拨道量年度累计大于120 mm时，须事先通知接触网工区予以配合，并不得侵入限界。

7. 在接触网支柱不侵入建筑限界的条件下，桥梁上一侧拨道量年度累计不得大于60 mm，且应满足线路中心与桥梁中心的偏差，钢梁不大于50 mm，圬工梁不大于70 mm。

8. 拨道后应保证防脱护轨轮缘槽宽度不超限。

9. 无缝线路（含冻结无缝线路）严格按照《修规》相关作业轨温条件办理。不得将拨道器放在铝热焊缝处拨道。

七、改道作业

(一)技术要求

1. 改道后的轨距和变化率符合《修规》作业验收标准要求。

2. 轨底或铁垫板压陷妨碍改道时，应进行削平处理。改道应使铁垫板外肩靠贴轨底边，无“八害”道钉，浮离钉不超过8%。打钉前应插入经防腐处理过的道钉孔木片。

3. 扣件做到全、正、紧、靠，同时修理和更换不良扣件。改道后的扣板（弹片）扣件扭矩保持在80～140 N·m，弹条扣件扭矩保持在80～150 N·m，施必牢螺母扭矩保持在900～1 100 N·m，Ⅲ型弹条后拱内侧距预埋件端部应不大于10 mm，扣压力应保持在8～13.2 kN。

4. 胶垫位置正确，无失效。

（二）注意事项

1. 施工负责人应由工（班）长或经培训考试合格的人员担任。

2. 区间线路作业，应在两端各500～1 000 m处设置作业标防护；站内作业应在车站登记，在繁忙的调车场及驼峰上下的线路、道岔群等处所作业，须设专人防护。

3. 在一股钢轨上连续起下道钉或卸开扣件的数量：50 kg/m 及以上钢轨不得超过7个轨枕头；50 kg/m 以下钢轨不得超过5个轨枕头。遇来车作业未完时，准许每隔两根轨枕有一个轨枕头不钉或不上（包括Ⅲ型枕）。

4. 轨道电路上作业，撬棍、改道器应有绝缘装置。在绝缘接头处改道，注意不使道钉或扣件碰靠夹板，以防联电。

5. 起道钉必须使用起钉垫。分组同时打道钉，其间隔不少于 6 根轨枕，严禁打甩锤，防止飞钉伤人。在无人行道的桥面上及高路堤地段作业时，起钢轨外口道钉和松卸扣件应站在道心内侧，使用专用起钉器或弯头撬棍等特制工具。

6. 在桥隧内卸、紧螺栓时，双脚应踩稳、下蹲，不得使猛力，以防摔伤。

7. 拆安Ⅲ型弹条必须使用专用工具，弹条入孔位置要放平、放正，不得歪斜。使用专用工具安装弹条时，切忌生拉硬打，支点与拉点要正确。

8. 无缝线路（含冻结无缝线路）严格按照《修规》相关作业轨温条件

办理。

八、更换轨底胶垫作业

（一）技术要求

1. 作业后，胶垫位置正确，无偏斜。

2. 线路几何尺寸符合《修规》作业验收标准要求。

3. 扣件应做到全、正、紧、靠，Ⅰ、Ⅱ型弹条扣件扭矩达到 80 ~ 150 N·m，施必牢螺母扭矩达到 900 ~ 1 100 N·m，Ⅲ型弹条扣件后拱内侧距预埋件端部控制在10 mm内。

4. 调高扣件地段作业完毕后，应达到相关顺坡要求。

（二）注意事项

1. 施工负责人应由工（班）长或

经培训考试合格的人员担任。

2. 区间线路作业，应在两端各500~1 000 m处设置作业标防护；站内作业应在车站登记，在繁忙的调车场及驼峰上下的线路、道岔群等处所作业，须设专人防护。

3. 在一股钢轨上连续卸下扣件（含Ⅲ型弹条）不得超过7个轨枕头，50 kg/m以下钢轨不得超过5个轨枕头。遇来车作业未完时，准许每隔两根轨枕有一个轨枕头不上扣件。

4. 成段更换胶垫的防护条件，比照《安规》第2.2.1条中成段整修轨底坡作业办理。

5. 无缝线路（含冻结无缝线路）严格比照《修规》更换扣件作业轨温条件办理。

九、钢轨接头螺栓涂油作业

(一)技术要求

1. 经常保持螺栓油润状态良好，无锈蚀。

2. 螺栓涂油后，其扭矩应达到《修规》规定。施必牢螺栓扭矩须达到900～1 100 N·m，并严格按照“三次复紧”要求进行操作。

3. 施必牢螺栓、高强度螺栓及普通螺栓不得混用。

(二)注意事项

1. 施工负责人应由工（班）长或经培训考试合格的人员担任。

2. 区间线路作业，应在两端各500～1 000 m处设置作业标防护；站内作业应在车站登记，在繁忙的调车场及驼峰上下的线路、道岔群等处所作业，须设专人防护。

3. 螺栓涂油应采用逐颗进行的方式。

4. 在绝缘接头作业时，应防止联电。

5. 无缝线路（含冻结无缝线路）严格按照《修规》相关作业轨温条件办理。

十、钢筋混凝土轨枕螺栓及扣件涂油作业

（一）技术要求

1. 螺栓及扣件无锈蚀，丝口及螺杆保持油润状态，螺栓帽顶用长效油脂封闭。

2. 扣件应全、正、紧、靠，轨距符合《修规》作业验收标准要求。

3. 螺栓扭矩达到标准要求。弹条扣件扭矩达到80～150 N·m，扣板（弹片）扣件扭矩达到80～140 N·m，施必牢防松螺母扭矩达到900～1 100 N·m，Ⅲ型弹条扣件后拱内侧距预埋件端部控制在10 mm内。

4. Ⅲ型枕预埋件应保持油润状态，并用长效油脂封口。

（二）注意事项

1. 施工负责人应由工（班）长或经培训考试合格的人员负责担任。

2. 区间线路作业，应在两端各500～1 000 m处设置作业标防护；站内作业应在车站登记，在繁忙的调车场及驼峰上下的线路、道岔群等处所作业，须设专人防护。

3. 无缝线路（含冻结无缝线路）

严格按照《修规》相关作业轨温条件办理，并采用“隔二松一”流水作业，及时拧紧螺栓，当日收工前再拧紧一遍，使扭矩达到要求。

4. 普通线路作业，连续卸开扣件数量：50 kg/m 及以上钢轨不得超过 7 个轨枕头（含Ⅲ型枕），50 kg/m 以下钢轨不得超过 5 个轨枕头。遇来车作业未完时，允许每隔两根轨枕有一个轨枕头不上扣件。

十一、单根抽换轨枕作业

(一)技术要求

1. 轨枕位置、间距偏差或偏斜，正线、到发线不超过 50 mm，其他站线不超过 60 mm，$Ⅲ_b$ 型枕不超过10 mm。

2. 几何尺寸、联结零件及加强设备符合《修规》作业验收标准要求。

3. 回填石砟，加强捣固，整理道床。

4. 废旧枕木应及时回收，分类堆码。

（二）注意事项

1. 施工负责人应由工（班）长或经培训考试合格的人员担任。

2. 区间线路作业，应在两端各500~1000 m处设置作业标防护；站内作业应在车站登记，在繁忙的调车场及驼峰上下的线路、道岔群等处所作业，须设专人防护。

3. 作业时必须“隔六抽一”，严禁同时连续抽出两根轨枕。

4. 散布轨枕时，不得损坏铁路设施，不得侵入限界。

5. 严禁用撬轨、垫钉和抬道的方

法施工；禁用捣镐、道钉锤击打轨枕。

6. 在无人行道的桥面上及高路堤地段作业时，起钢轨外口道钉和松卸扣件应站在道心内侧，使用专用起钉器或弯头撬棍等特制工具。上述地段作业抽换轨枕时，应采取确保人身安全的相应措施。

7. 无缝线路（含冻结无缝线路）严格按照《修规》相关作业轨温条件办理。

十二、成段调整轨缝作业

（一）技术要求

1. 轨缝均匀，无瞎缝，无大轨缝，接头相互错差在允许范围内（冻结无缝线路除外）。

2. 接头螺栓齐全，螺栓等级及扭矩符合《修规》第3.5.9条的规定。

3. 加强设备齐全，无松动失效，轨下胶垫无串位。

4. 混凝土枕扣件齐全、位置正确，扭力矩达到规定要求。

（二）注意事项

1. 提前申报施工计划，必须按批准的月度施工方案进行。

2. 不拆开接头夹板调整轨缝时，施工负责人由职务不低于工长的人员担任。办理封锁施工手续，设置移动停车信号防护。施工封锁完毕放行列车或单机不限速。

需拆开接头插入短轨头调整轨缝时，施工负责人由职务不低于车间主任的人员担任。办理封锁施工手续，设置移动停车信号防护。施工封锁完毕放行列车或单机时限速 45 km/h，限速列车的时间、次数和速度由施工负责人根据具体情况决定。

3. 调整绝缘轨缝时，必须由电务人员配合。在轨道电路区段作业，不得损坏轨道连接线。

十三、破底挖翻浆作业

（一）技术要求

1. 作业前，应备足道砟，清挖后道床断面符合标准要求。

2. 翻浆冒泥地段应垫砂。

3. 清挖地段必须加强捣固，过车后回检，整修后线路几何尺寸符合《修规》保养标准要求。

（二）注意事项

1. 提前申报施工计划，必须按批准的月度施工方案作业。

2. 施工负责人由职务不低于车间主任的人员担任。办理封锁施工手续，设置移动停车信号防护。封锁前 1 h 限速 25 km/h，开通后首列卸砟，次列限速25 km/h，第三列限速45 km/h，4 h后限速60 km/h至次日封锁前1 h。道岔区段换砟施工时，封锁前 1 h 限速 25 km/h，开通后首列15 km/h，次列限速 25 km/h，2 h后限速45 km/h，48 h后运行速度与正线线路同步。允许速度 120 km/h以上线路恢复正常速度前，限速80 km/h不少于24 h。

3. 两人一组作业，左右股同时开挖，有多组作业时，各组间隔不少于6根轨枕，互相照应，注意安全。

4. 施工负责人必须全面检查线路，达到列车放行条件后，方可放行列车。

5. 轨道电路区段作业注意防止

联电。

6. 无缝线路（含冻结无缝线路）严格按照《修规》相关作业轨温条件办理。

7. 注意倾听和瞭望列车，听从施工负责人及现场防护员的指挥。来车时，距离本线来车不少于800 m、邻线来车不少于500 m下道避车。料具不得侵入限界。

十四、打磨钢轨作业

(一)技术要求

1. 打磨后轨面达到光滑平直，钢轨踏面用1 m直尺测量，不平度应小于0.5 mm。

2. 轨端飞边大于2 mm时，应及时打磨。

（二）注意事项

1. 施工负责人应由工（班）长或经培训考试合格的人员担任。

2. 区间线路作业，应在两端各500~1000 m处设置作业标防护；站内作业应在车站登记，在繁忙的调车场及驼峰上下的线路、道岔群等处所作业，须设专人防护。

3. 开工前，先检查发电机有无接地措施，电砂轮机机壳是否漏电，电缆有无破损，接线盒是否良好。雨天禁止作业。

4. 打磨前，对砂轮机进行全面检查，确认砂轮片良好，紧固螺栓无松动、失效。

5. 作业人员须由培训考试合格的人员操作，作业时必须佩戴护目镜和绝缘手套，不得面对机具前进方向。

十五、现场钢轨焊修作业

(一)技术要求

1. 钢轨有内伤、表面有重伤、顶面伤损打磨干净后的凹坑深度超过8 mm以上者，不得现场焊补。

2. 钢轨接头（包括焊接接头）低塌、擦伤、剥落、掉块等伤损，允许一次焊补长度为100 mm；伤损长度超过100 mm者，应分段跳焊；长度超过300 mm时，应采取防变形措施。

3. 焊补前，彻底清除裂纹和待焊部位的氧化层、油污与铁锈，露出金属光泽。为确认残留微细裂纹的清除，打磨后，应用着色渗透法进行探伤。

4. 钢轨堆焊打磨后，应保持轨面平顺，但堆焊处允许有0.5 mm 的凸出，不得低凹。

（二）注意事项

1. 施工负责人由工（班）长担任。

2. 区间线路作业，应在两端各 500 ~1 000 m 处设置作业标和专人防护；站内作业应在车站登记，在繁忙的调车场及驼峰上下的线路、道岔群等处所作业，须设专人防护。

3. 开工前，先检查发电机有无接地措施，电砂轮机机壳是否漏电，电缆有无破损，接线盒是否良好。雨天禁止作业。

4. 电焊搭铁严禁跨过绝缘接头和搭接在另一钢轨上，也不能跨过绝缘接头在另一股钢轨上引弧和施焊。

5. 作业中必须控制打磨尺寸，以确保能随时放行列车。

6. 作业者应穿戴齐防护用品，在上风方向作业，以减少电焊烟尘对身体的危害。

7. 作业人员注意倾听和瞭望，来车时，距离本线来车不少于800 m、邻线来车不少于500 m下道避车。机具不得侵入限界。

十六、整治硬弯钢轨作业

（一）技术要求

1. 整治后达到目视直顺，用1 m直尺测量，不平度不超过0.5 mm。

2. 几何尺寸符合《修规》作业验收标准要求。

3. 根据钢轨作业调查，有其他项目时，应同时进行整修。

（二）注意事项

1. 施工负责人应由工（班）长或经培训考试合格的人员担任。

2. 作业应办理封锁施工手续，设置移动停车信号防护。施工封锁完毕放行列车或单机时不限速。

3. 液压直轨器在线路上走行时，应按小车使用规定办理。

4. 无缝线路（含冻结无缝线路）作业，轨温应控制在超过锁定轨温+10 ℃及以上进行；普通线路作业，应安排在轨温较高季节进行，矫直时轨温应高于25 ℃。

5. 作业人员注意倾听和瞭望，来车时，距离本线来车不少于800 m、邻线来车不少于500 m下道避车。机具不得侵入限界。

十七、螺旋道钉改锚作业

(一)技术要求

1. 螺旋道钉锈蚀，直径不足14 mm，螺杆折断、松动浮起、丝口损坏无法修复等，应及时进行改锚。

2. 拔起锈蚀螺旋道钉不得损害钢筋混凝土轨枕，严禁用捣镐、道钉锤直接冲钉。

3. 硫磺为纯度95%及以上的Ⅱ～Ⅲ级工业用硫磺；水泥等级不低于42.5级；砂子为天然级配中粗砂，粒径不大于2 mm，配制前要过筛、洗净、烘干；石蜡为一般工业用石蜡。

4. 配合比：硫磺∶水泥∶砂子∶石蜡=1∶0.3～0.6∶1～1.5∶0.01～0.03。

5. 锈蚀的螺旋道钉取出后，应人工修凿清孔，清除残留物，净留孔深不小于160 mm。

6. 必须使用专用锚固架，严格控制锚固偏心和倾斜。锚固时，螺旋道钉左右旋转垂直插入，圆台应高出承轨台面：使用弹条扣件时高出0～2 mm，使用扣板式扣件、调高扣件时高出5～8 mm。

（二）注意事项

1. 施工负责人应由工（班）长或经培训考试合格的人员担任。

2. 区间线路作业，应在两端各500～1 000 m处设置作业标和专人防护；站内作业应在车站登记，在繁忙的调车场及驼峰上下的线路、道岔群等处所作业，须设专人防护。

3. 改锚作业应至少间隔两根轨枕，逐孔进行，禁止连续拆除扣件。

4. 开工前，应对机具、电缆、配电盘绝缘性能、接地装置等进行检查，防止漏电伤人。雨天禁止作业。

5. 无缝线路（含冻结无缝线路）严格比照《修规》改道作业轨温条件办理，轨温高于锁定轨温 20 ℃以上禁止改锚作业。

十八、单根更换钢轨作业

(一)技术要求

1. 新换上的钢轨与线路上的钢轨断面基本一致，轨面或内侧错牙不超过 1 mm，无大轨缝和连续三个以上的瞎缝（冻结无缝线路除外）。

2. 几何尺寸及联结零件符合《修规》作业验收标准要求。

3. 绝缘接头轨缝不小于 6 mm（胶接接头除外）。钢轨编号、曲线要素标记正确、清晰。

(二)注意事项

1. 施工负责人由职务不低于工长的人员担任。办理施工临时封锁手续，设置移动停车手信号防护。施工封锁完毕放行列车或单机时，限速与否及限速列车时间、次数和速度由施工负责人根据具体情况决定。

2. 封锁前拆卸螺栓、道钉或扣件等工作，必须按规定执行，不得扩大作业范围。

3. 用撬棍翻动钢轨时，应由有经验的人员操作，其他人员应远离撬棍和钢轨翻动方向，禁止用手翻动钢轨，防止压伤手脚。

4. 在轨道电路区段、车站内、道岔上更换钢轨，必须由电务人员配合。

电气化线路区段更换钢轨，必须使用连接电线（短路导线），且禁止两股钢轨同时更换。

5. 无缝线路（含冻结无缝线路）严格按照《修规》相关作业轨温条件办理。

十九、个别更换接头夹板作业

(一)技术要求

1. 换入的接头夹板应与钢轨的类型一致。

2. 换入后，接头轨面及内侧错牙，正线、到发线不大于1 mm，其他站线不大于2 mm。

3. 冻结无缝线路接头螺栓扭矩应达到 900 ~ 1 100 N · m，并严格按照“三次复紧”要求进行操作。

4. 普通螺栓扭矩达到《修规》第

3.5.9 条的规定。

5. 螺栓、垫圈等配件做到齐全、有效。

(二)注意事项

1. 施工负责人由工长担任。特殊情况下可由段指派能胜任的人员担任。

2. 办理临时封锁手续，设置停车手信号防护。作业完毕后放行列车和单机时不限速。

3. 由两人配合作业，安装及松卸螺栓、接头夹板，严禁用手指穿入夹板孔内，并防止扳手滑动伤人。

4. 更换绝缘接头夹板时，应由电务人员配合。

5. 无缝线路（含冻结无缝线路）严格按照《修规》相关作业轨温条件办理。电气化线路区段，禁止两股同时更换。

二十、更换桥式扣件通用型接头夹板作业

（一）技术要求

1. 采用A、B型或A、A型组装形式。A、B型接头钢轨工作边一侧设置A型接头板，非工作边一侧设置B型接头夹板。根据钢轨垂直磨耗程度，可选用不同型号的B型接头夹板。同时打磨夹板顶面，以保证车轮顺利通过B型接头夹板顶面纵向顺坡。

（1）钢轨垂直磨耗在2 mm以下，采用0号B型接头夹板。

（2）钢轨垂直磨耗在2～5 mm，采用3号B型接头夹板。

（3）钢轨垂直磨耗在6～9 mm，采用6号B型接头夹板。

采用专用样板贴合钢轨及B型接

头夹板顶面，如果样板斜面未与钢轨接触，应打磨 B 型接头夹板顶面，使其顶面高度与钢轨顶面相匹配，并且纵坡率不大于 1∶100。

2. $R<500$ m 曲线接头处应使用防支嘴垫铁，设置在曲线内轨工作边一侧和曲线外轨非工作边一侧：

（1）曲线内轨工作边安装 A 型防支嘴垫铁。

（2）A、B 型接头曲线外轨非工作边安装 B 型防支嘴垫铁；A、A 型接头曲线外轨非工作边安装 A 型防支嘴垫铁。

3. 采用施必牢螺母及配套的高强度螺栓，螺栓按对拧方式进行紧固，扭矩达到 900 ~ 1 100 N · m，并严格按照“三次复紧”要求进行操作。

4. 换入后，接头轨面及内侧错牙，

正线、到发线不大于1 mm，其他站线不大于2 mm。

5. 螺栓、垫圈等配件做到齐全、有效。

(二)注意事项

1. 施工负责人由工长担任。特殊情况下可由段指派能胜任的人员担任。

2. 办理临时封锁手续，设置停车手信号防护。作业完毕后放行列车和单机时不限速。

3. 由两人配合作业，安装及松卸螺栓、接头夹板，严禁用手指穿入夹板孔内，并防止扳手滑动伤人。

4. 无缝线路（含冻结无缝线路）严格按照《修规》相关作业轨温条件办理。电气化线路区段，禁止两股同时更换。

二十一、更换尖轨作业

(一)技术要求

1. 尖轨各部分轨距应符合规定标准。

2. 尖轨尖端及竖切部分必须与基本轨密贴。

3. 尖轨跟部接头轨面或内侧错牙不超过 1 mm，连接杆、顶铁、间隔铁等联结零件齐全、有效。接头螺栓齐全，扭矩达到《修规》第 3.5.9 条的规定；冻结接头螺栓扭矩达到 900 ~ 1 100 N · m。各曲折点的曲折量符合标准，前后轨缝符合要求。

4. 尖轨顶面宽 50 mm 及以上断面处尖轨不低于基本轨顶面 2 mm 及以上。

(二)注意事项

1. 施工负责人由工长担任。

2. 作业时应办理封锁施工手续，设置移动停车信号防护。施工封锁完毕放行列车或单机时不限速。

3. 更换尖轨作业应由电务人员配合。更换完成后，工电双方各自检查设备，确认安装完毕，性能良好，符合技术安全标准，达到放行列车条件，并经车站试用合格认可后，方准开通线路。

4. 更换尖轨作业应做到统一指挥，拨动尖轨时要注意人身安全。

5. 无缝道岔作业严格按照《修规》相关作业轨温条件办理。

二十二、更换基本轨作业

(一)技术要求

1. 几何尺寸符合《修规》作业验收标准要求。

2. 新换入的基本轨接头轨面或内

侧错牙不超过1 mm。

3. 基本轨全部落槽，尖轨与基本轨密贴，尖轨顶宽50 mm及以上断面处，尖轨顶面较基本轨顶面不得低于2 mm及以上。

4. 基本轨与滑床板、轨撑的联结螺栓牢固，道钉无浮离，扣件全、正、紧、靠，扭矩达到80～150 N·m，接头螺栓齐全，扭矩达到《修规》第3.5.9条的规定；冻结接头螺栓扭矩达到900～1 100 N·m。各曲折点的曲折量符合标准，前后轨缝符合要求。

(二)注意事项

1. 施工负责人由工长担任。

2. 作业时应办理封锁施工手续，设置移动停车信号防护。施工封锁完毕放行列车或单机时不限速。

3. 作业应由电务人员配合，并经双方确认设备恢复正常，达到放行列车条件，经车站试用合格认可后，方准开通线路。在电气化线路上作业时，严格按照《安规》第2.2.7条或第2.3.6条的规定办理。

4. 作业时应统一指挥，注意人身安全。

5. 无缝道岔作业严格按照《修规》相关作业轨温条件办理。

6. 作业人员注意倾听和瞭望，来车时，距离本线来车不少于800 m、邻线来车不少于500 m下道避车。机具不得侵入限界。

二十三、更换辙叉作业

(一)技术要求

1. 新换入的辙叉心与前后钢轨接

头轨面或内侧错牙不得超过 1 mm。

2. 轨距及查照间隔、护背距离符合要求，辙叉下枕木无空吊，道钉无浮离，扣件全、正、紧、靠，扭矩达 80 ~150 N · m；接头螺栓齐全，扭矩达到《修规》第 3. 5. 9 条的规定，冻结接头螺栓扭矩达到 900 ~1 100 N · m。

3. 辙叉前后轨缝符合规定，辙叉心轮缘槽标准宽度为 46 mm，允许偏差为 +3，－1 mm。

(二) 注意事项

1. 施工负责人由工长担任。

2. 作业时应办理封锁施工手续，设置移动停车信号防护。施工封锁完毕放行列车或单机时不限速。

3. 在电气集中联锁的道岔上进行作业，应由电务人员配合，并经双方确认设备恢复正常，达到放行列车条件，经车站试用合格认可后，方准开通线路。电气化线路上作业时，严格按照《安规》第2.2.7条或第2.3.6条的规定办理。

4. 作业时应统一指挥，注意人身安全。

5. 更换60 kg/m 辙叉前，应检查确认辙叉开向，严禁反向上道。

6. 开通线路前，必须对各部尺寸进行全面检查，确认轨距、查照间隔、护背距离、轮缘槽宽度等达到要求，方可开通。

7. 无缝道岔作业严格按照《修规》相关作业轨温条件办理。

二十四、更换木岔枕作业

(一)技术要求

1. 新换的岔枕必须与直股对齐，

位置或间距偏差，正线、到发线不大于40 mm，其他线不大于50 mm。

2. 枕木树心向下，枕木上下弯曲时，拱面向上。

3. 几何尺寸、道钉、扣件、防爬设备等符合《修规》作业验收标准要求，捣固密实，恢复道床。

4. 换下的旧枕应及时回收，分类堆码。

(二)注意事项

1. 施工负责人应由工（班）长或经培训考试合格的人员担任。

2. 区间道岔作业，应在两端各500 ~1 000 m 处设置作业标防护；站内作业应在车站登记，在繁忙的调车场及驼峰上下的线路、道岔群等处所作业，须设专人防护。

3. 更换与电气联锁有关的岔枕或转辙部分岔枕时，应由电务人员配合，更换完毕后会同车站检查道岔扳动情况。

4. 不得同时连续抽出两根岔枕。需同时更换时，相隔不得少于6根岔枕，并禁止用起道机抬起钢轨抽换。

5. 维修单根抽换岔枕时，应掌握好列车运行情况。来车前来不及穿入时，允许每隔6根岔枕有一根不穿入。

6. 作业必须使用枕木钳，禁止用手或道镐拖枕。起钉打钉、拆卸安装扣件，应按改道作业有关要求进行。

7. 更换道岔扳道器下长枕、可动心轨道岔钢枕及两侧相邻岔枕或辙叉短心轨转向轴处轨枕，应办理封锁手续，设置移动停车信号防护，施工封锁完毕放行列车或单机时不限速。

8. 无缝道岔作业严格按照《修规》相关作业轨温条件办理。

二十五、无缝线路（含冻结无缝线路）应力放散及调整作业

（一）技术要求

1. 应力放散后，轨条实际锁定轨温应在设计锁定轨温范围内，左右股实际锁定轨温相差不超过5℃；跨区间和全区间无缝线路的两相邻单元轨条的锁定轨温差不超过5℃，同一区间内单元轨条的最低、最高锁定轨温相差不超过10℃。

2. 应力放散时，应每隔50～100 m设一位移观测点，观测钢轨位移量，及时排除影响放散的障碍，达到放散均匀。

3. 全区间或跨区间无缝线路的应力放散，应按管理单元进行，按计划开

口。临时恢复线路时，可插入不短于6 m的钢轨，用冻结接头过渡，在适当轨温条件下按设计锁定轨温恢复原结构。

4. 应力调整后，同一轨条内部实际锁定轨温变化不超过 ±5 ℃，局部位移量不大于10 mm。

5. 应力调整施工应做好长轨两端伸缩区的锁定，不得改变原有轨条的长度。

6. 无缝线路应力放散或调整后，应按实际锁定轨温及时修改有关技术资料和位移观测标记。

7. 胶垫应放正，无缺损；扣件安装齐全，扣压力符合设计要求。

（二）注意事项

1. 施工负责人由职务不低于车间

副主任的人员担任，现场技术负责人由段主管技术人员担任。

2. 提前申报施工计划，必须按批准的月度施工方案进行。

3. 施工前，应做好曲线、道口、坡度等线路条件的调查，制定详细的施工计划及安全措施，做好充分的施工准备。

4. 应力放散应办理封锁施工手续，设置移动停车信号防护，施工封锁完毕放行列车或单机限速不得超过45 km/h，限速列车的时间、次数和速度由施工负责人根据具体情况决定。

5. 采用列车碾压法调整无缝线路应力，应办理施工慢行手续，设置移动减速信号防护，放行列车或单机限速不超过45 km/h，限速列车的时间、次数和速度由施工负责人根据具体情况决定。

6. 采用列车碾压法调整无缝线路应力，拧松扣件应适度，以确保行车安全为前提。

二十六、无缝线路钢轨重伤和折断的处理作业

（一）技术要求

1. 发现钢轨或焊缝有重伤时，切除重伤部位，切除长度不超过60 mm，用钢轨拉伸器张拉钢轨，实施原位复焊。

2. 钢轨折断时应采用先紧急处理、后临时处理、再永久处理的办法。

3. 永久处理时，采用重新焊接修复，原位插入不短于6 m 的钢轨；采用施必牢技术进行冻结，原位插入不短于12.5 m的钢轨。

4. 插入的短轨，接头轨面或内侧错差不超过1 mm，钻孔上下位置及孔径偏差不超过1 mm，钻孔须倒棱。

（二）注意事项

1. 施工负责人由职务不低于工长的人员担任。办理封锁施工手续，设置停车信号防护。施工封锁完毕放行列车或单机时不限速。

2. 紧急处理：当钢轨断缝小于50 mm时，应立即进行紧急处理。在断缝处上好夹板或臌包夹板，用急救器固定，在断缝前后各50 m拧紧扣件，并派人看守，限速5 km/h。如断缝小于30 mm时，放行列车速度为15 ~ 25 km/h。有条件时应原位焊复，否则应在轨端钻孔，上好夹板或臌包夹板，拧紧螺栓，然后可适当提高行车速度。

3. 临时处理：钢轨折损严重或断缝大于50 mm，以及紧急处理后不能立即焊接修复的，应封锁线路进行临时处理。

沿断缝两侧对称切除伤损部分，两锯口间插入 6 m 的同型钢轨，轨端钻孔，上接头夹板，用 10.9 级螺栓拧紧。在短轨前后各 50 m 范围内，拧紧扣件后，按正常速度放行列车。

临时处理或紧急处理时，均应在断缝两侧约 3.8 m 处轨头非工作边上作出标记，并准确丈量两标记间的距离和轨头非工作边一侧的断缝值，作好记录。

4. 永久处理：钢轨断缝处紧急处理或临时处理后，在接近或低于实际锁定轨温时，插入短轨重新焊接修复。

（1）采用小型气压焊时，插入短轨长度应等于切除钢轨长度加上 2 倍顶锻量。先焊好一端，焊接另一端时，先张拉钢轨，使断缝两侧标记的距离等于原丈量距离减去断缝值加顶锻量后再焊接。

（2）采用铝热焊时，插入短轨长度等于切除钢轨长度减去 2 倍预留焊缝值。先焊好一端，焊接另一端时，先张拉钢轨，使断缝两侧标记的距离等于原丈量距离减去断缝值后再焊接。

5. 在线路上焊接时的轨温不应低于 0 ℃。放行列车时，焊缝处轨温应降至 300 ℃以下。

6. 作业时应随时注意轨温变化，防止因钢轨胀缩影响插入短轨准确就位。

7. 移动或翻转钢轨时，要统一指挥，注意人身安全。锯轨时，禁止未锯到底部即强行打断。

二十七、无缝线路维修作业轨温条件

1. 混凝土枕（含混凝土宽枕）无缝线路维修作业轨温条件见表1。

表1　混凝土枕无缝线路维修作业轨温条件

作业项目及作业量 / 作业轨温范围 / 线路条件	连续扒开道床不超过25 m，起道高度不超过30 mm，拨道量不超过10 mm	连续扒开道床不超过50 m，起道高度不超过40 mm，拨道量不超过20 mm	扒道床、起道、拨道与普通道床相同
直线及 $R\geqslant 2000$ m	+20 ℃	+15 ℃ −20 ℃	±10 ℃
800 m $\leqslant R<2000$ m	+15℃ −20 ℃	+10 ℃ −15 ℃	±5 ℃
400 m $\leqslant R<800$ m	+10 ℃ −15 ℃	+5 ℃ −10 ℃	
$R<400$ m	+5 ℃ −10 ℃		

注：作业轨温范围按实际锁定轨温计算

2. 混凝土枕（含混凝土宽枕）无缝线路地段，当轨温在实际锁定轨温减30 ℃以下时，伸缩区和缓冲区禁止进行维修作业。

3. 木枕无缝线路维修作业轨温，按表1、表2规定各减5 ℃。当轨温在实际锁定轨温减20 ℃以下时，禁止在伸缩区和缓冲区进行维修作业。

表2　混凝土枕无缝线路维修作业轨温条件

顺号	作业项目	按实际锁定轨温计算				
		-20 ℃以下	-20 ℃ ~ -10 ℃	-10 ℃ ~ +10 ℃以内	+10 ℃ ~ +20 ℃	+20 ℃以上
1	改道	与普通直线相同	与普通直线相同	与普通直线相同	与普通直线相同	禁止
2	松动防爬设备	同时松动不超过25 m	同左	与普通直线相同	同时松动不超过25m	禁止

续上表

顺号	作业项目	按实际锁定轨温计算				
		-20℃以下	-20℃~-10℃	-10℃~+10℃以内	+10℃~+20℃	+20℃以上
3	更换扣件或涂油	隔二松一，流水作业	同左	同左	同左	禁止
4	方正轨枕	当日连续方正不超过两根	隔二方一，方正捣固，恢复道床，逐根进行（配合起道除外）	与普通直线相同	隔二方一，方正捣固，恢复道床，逐根进行（配合起道除外）	禁止
5	更换轨枕	当日不连续更换	当日连续更换不超过2根（配合起道除外）	与普通直线相同	当日连续更换不超过2根（配合起道除外）	禁止
6	更换接头螺栓或涂油	禁止	逐根进行	同左	同左	禁止

续上表

顺号	作业项目	按实际锁定轨温计算				
		-20 ℃以下	-20 ℃～-10 ℃	-10 ℃～+10 ℃以内	+10 ℃～+20 ℃	+20 ℃以上
7	更换钢板或夹板	禁止	同左	与普通直线相同	禁止	禁止
8	不破底清筛道床	逐孔倒筛夯实	同左	同左	同左	禁止
9	破底清筛道床	禁止	同左	与普通直线相同	禁止	禁止
10	矫直硬弯钢轨	禁止	同左	同左	与普通直线相同	禁止

4. 在跨区间无缝线路上的无缝道岔尖轨及其前方 25 m 范围内综合维修，按实际锁定轨温 ±10 ℃进行作业。

二十八、拆安防脱护轨作业

（一）技术要求

1. 对拟安装地段的线路进行整修，整修后线路质量符合《维规》作业验收标准要求。

2. 在曲线下股钢轨内侧圆缓点（或缓圆点）前后 60 m 范围内（其中圆曲线 25 m，缓和曲线 35 m）安装。

3. 支架安装间距，一般为每隔 2 根（如遇基本轨接头无法安装时，亦可隔 1 根或 3 根）轨枕安装一个支架，但在护轨始端与终端的喇叭口段，必须相隔 1 根轨枕安装 1 个支架，支架型号应根据曲线半径确定，螺栓扭矩达到120 N · m。

4. 护轨工作边上缘应高出基本轨顶面 10 mm，其允许误差为 ±5 mm，护轨接头轨缝应为 8 mm ± 3 mm，不允许连续三个瞎缝。作用边错牙小于2 mm，接头螺栓扭矩达到120 N · m。

5. 安装护轨装置时，应对全部螺栓紧固件进行依次除锈和涂长效油脂。安装 3 ~ 5 d 后进行复查，再次拧紧各部螺栓。

6. 因施工需要拆除护轨、重安护轨的时间间隔控制在 72 h 内。

(二) 注意事项

1. 施工负责人由职务不低于班长的人员担任。利用列车间隔施工，设驻站、现场防护员，并设置停车手信号，瞭望条件不良时，应增设中间防护，放行列车或单机不限速。

2. 拆除护轨时，钢轨、支架、螺栓等均应放置在限界外。若当天不能重新安装，需派专人看守。

3. 护轨安装地段内，如基本轨设置有绝缘接头时，在其相应部位的护轨必须设置绝缘接头，并通知电务配合。

4. 护轨始、终端喇叭口端头应置于两轨枕之间，并低于轨枕顶面。

5. 作业人员注意倾听和瞭望，来车时，距离本线来车不少于800 m、邻线来车不少于500 m下道避车。机具不得侵入限界。

二十九、成段整正轨底坡作业

（一）技术要求

1. 整正后的轨底坡应满足 1/40 坡度要求，允许误差为 ±1/120，几何尺寸、联结零件符合《修规》作业验收标准要求。

2. 整正轨底坡后，铁垫板与枕木

间的缝隙，在任何一侧检查均不应超过2 mm，不良率不超过8%（全数检查）。

（二）注意事项

1. 提前申报施工计划，必须按批准的月度施工方案作业。

2. 施工负责人由职务不低于车间副主任的人员担任。办理封锁施工手续，设置停车信号防护。施工封锁完毕放行列车或单机时限速不超过5 km/h，限速列车时间、次数和速度由施工负责人根据具体情况决定。

3. 起道机应由考试合格的人员使用，抬起钢轨后不得将手脚伸入轨底、枕底。

4. 撬棍应有绝缘套。起打道钉应防止滑落和飞钉伤人，严禁在钢轨上直钉。

5. 施工负责人必须全面检查线路，达到放行列车条件后，方可放行列车。

6. 无缝线路（含冻结无缝线路）严格比照《修规》更换扣件作业轨温条件办理。

7. 作业人员注意倾听和瞭望，来车时，距离本线来车不少于800 m、邻线来车不少于500 m下道避车。机具不得侵入限界。

三十、枕木削平作业

(一)技术要求

1. 削平长度距轨底或铁垫板边缘100 mm，允许误差为±10 mm。

2. 以削平毛刺及腐朽木为度，削平后的枕木面应以不超过3% 流水坡向钢轨以外排水，切线整齐，平整光滑，无毛刺，并微呈龟背形。

3. 枕木扭曲翘头致枕木面与轨底不密贴时，必须削平枕面。

4. 削平后应涂防腐油，削平不良率不超过8%，木屑应扫入土箕。

5. 削平后的木枕厚度不得少于100 mm。

(二)注意事项

1. 施工负责人应由工（班）长或经段考试合格的人员担任。

2. 区间线路作业，应在两端各500 ~1 000 m处设置作业标防护；站内作业应在车站登记，在繁忙的调车场及驼峰上下的线路、道岔群等处所作业，须设专人防护。

3. 严格按照操作要领进行砍削，防止砍伤脚腿，锛斧不用时应加防护套。

4. 作业人员要注意来车，距离本线来车不少于800 m、邻线来车不少于500 m下道避车。

三十一、填写线路标志标记作业

（一）技术要求

1. 线路标志标记正确、齐全、清晰，字迹工整。

2. 涂刷前应除去污物及旧漆皮，按规定颜色涂刷底漆两次。

（二）注意事项

1. 该项作业由经段培训考试合格的人员担任，作业人员在线路上填写各种标志、标记时应注意倾听和瞭望，按规定距离及时下道避车。

2. 站内或道岔上作业，应熟悉站内调车情况，及时下道避车或停止作业。

3. 作业人员注意倾听和瞭望，来车时，距离本线来车不少于800 m、邻线来车不少于500 m下道避车。机具不得侵入限界。

三十二、现场胶接绝缘接头作业

(一)技术要求

1. 钢轨接头平直，用1 m直尺测量，不平度应小于0.5 mm。

2. 安装前，绝缘夹板接触面、轨端除锈打磨，并确保轨端面垂直，打磨完成后的表面不能粘水和圬垢。

3. 钢轨对正，不能出现扭曲现象，安装时将绝缘塞片置入轨缝，然后用拉轨器将其顶紧，不留任何间隙，保证零轨缝。安置完毕，胶泥未彻底凝固前，拉伸机绝对不能松开。

4. 上紧夹板螺栓。先用扳手上紧螺栓，然后用扭矩扳手由里向外交替式将螺栓紧至1 000 N · m，用大锤敲打一遍螺栓头，再用扭矩扳手以相同方向复紧六颗螺栓至1 000 N · m，共重复三遍。

5. 安装完毕后，对钢轨行车面进行打磨修改，然后用 1 m 直尺测量，避免接头部位过高（轨顶平直度不超过 0 ~ 0.3 mm，轨头工作边不超过 ±0.3 mm）。

6. 安装完毕后，还必须对接头部位以及两端的轨枕道床进行全面、彻底捣固。

7. 安装完毕第一趟列车经过后，必须对接头螺栓再进行一次检查，确保接头质量。

8. 三天、一星期、一个月、三个月、六个月，以后每六个月，对接头螺栓进行检查复紧。

9. 胶接绝缘接头安装过程须注意防水，以避免影响胶接绝缘质量。在线上拆装一组胶接绝缘接头大约只需1 h。

（二）注意事项

1. 施工负责人由职务不低于工长的人员担任，现场技术负责人由段主管技术人员担任。

2. 提前申报施工计划，按批准的月度施工方案作业。办理封锁施工手续，设置移动停车信号防护。施工封锁完毕放行列车或单机时不限速。封锁时间不少于60 min。

3. 作业时须由电务人员配合。

4. 开工前，先检查发电机有无接地措施、电缆有无破损、配电盘是否良好。雨天禁止作业。

5. 打磨前，对砂轮机进行全面检

查，确认砂轮片良好，紧固螺栓无松动、失效。打磨操作人员须佩戴护目镜和绝缘手套。

6. 无缝线路（含冻结无缝线路）严格按照《修规》相关作业轨温条件办理。

7. 作业人员注意倾听和瞭望，来车时，距离本线来车不少于800 m、邻线来车不少于500 m下道避车。机具不得侵入限界。

三十三、施必牢螺母冻结接头作业

(一)技术要求

1. 施必牢螺母：M24、M27，10级；螺栓：10.9级。

2. 锁定轨温：设计锁定轨温±5 ℃，两相邻单元轨条的锁定轨温不超过3 ℃。

3. 轨缝：1 mm ±0.5 mm。

4. 组装螺栓时须涂长效油脂（或长效润滑剂），控制力矩1 000 N·m，并分别三次扭紧。

5. 接头平顺：用1 mm 直尺测量，钢轨顶面矢度不得大于 +0.3 mm，钢轨侧面作用边矢度不得大于 ±0.3 mm。

6. 钢轨接头冻结后，立即记录轨缝值。第三天对接头螺栓和扣件按规定扭力矩复紧一遍，一星期进行第二次复紧，一个月进行第三次复紧。

7. 每月检查一次，并做好记录。螺栓扭力矩不足1 000 N·m时，应复紧到1 000 N·m。发现轨端肥边及时锯锉，及时焊补轨端掉块，及时打磨鞍形磨耗。

8. 采用施必牢螺母冻结标准轨线路钢轨接头后，按无缝线路技术标准进行管理。

(二)注意事项

1. 施工负责人由职务不低于工长的人员担任，现场技术负责人由段主管技术人员担任。

2. 提前申报施工计划，必须按批准的月度施工方案作业。

3. 施工前应做好曲线、道口、坡度等线路条件的调查，制定详细的施工计划及安全措施，做好充分的施工准备。

4. 施必牢螺母冻结接头施工应办理封锁施工手续，设施移动停车信号防护，施工封锁完毕放行列车或单机限速不得超过 45 km/h，限速列车的时间、次数和速度由施工负责人根据具体情况决定。

5. 在轨道电路区段、车站内施工，必须由电务人员配合。电气化线路区段施工必须使用连接电线（短路导线），且禁止两股钢轨同时施工。

6. 冻结无缝线路严格按照《修规》相关作业轨温条件办理。

7. 作业人员注意倾听和瞭望，来车时，距离本线来车不少于800 m、邻线来车不少于500 m下道避车。机具不得侵入限界。

三十四、铝热焊作业

(一)技术要求

1. 作业前，应备齐所有必需的工具、材料、设备以及资料，并检查落实所必需的工具、设备是否运转正常，所备材料是否符合标准要求，同时检查坩埚。若为重复性坩埚，要去净残渣。

2. 提前向有关部门提出封锁申请。

3. 封锁区间前，做好焊接前的准备工作。

4. 封锁区间后，立即设好防护，进行以下工作：

（1）轨道准备。焊缝宽度为25 mm ±2 mm、焊缝两轨头除锈、钢轨端头垂直公差≤1 mm；焊缝两端各15 m紧固扣件，撤除焊缝两侧各3～6根轨枕扣件；钢轨端头垂直、水平、尖点对正，垂直方向以轨头顶面对齐，水平误差均匀分布，1 m直尺测得焊缝两侧0.5 m处钢轨与钢直尺间的间隙为1.5～2 mm。

（2）砂模安装。先上好底模，并检查钢轨对正情况；再上钢轨外侧砂模，最后上钢轨内侧砂模。上好防漏泥，挂好废渣盘。砂模要与钢轨结合紧密，必须使焊缝处于砂模正中央。

（3）安装预热支架（含坩埚支架）。预热头处于焊缝中央，并距轨头35 mm。若使用重复性坩埚，要使坩埚底部与砂模顶部的距离为20～25 mm。

（4）将焊剂慢慢旋转倒入坩埚中，准备好高温火柴，盖上坩埚盖。

（5）预热焊头钢轨。预热火焰长度为12～20 mm，火焰置于焊缝中央，使轨头温度达到650 ℃。

（6）移走预热器，放置好分流塞，将坩埚放置在砂模中分流塞的正上方，点燃焊剂，完成正常浇铸，待废渣停止流出时开始计时，4～5 min后移去坩埚和废渣盘，并放于安全位置，同时拆去砂模夹具、模套及底托盘，待浇铸完成6 min后开始推瘤。

（7）进行焊缝热打磨，使焊头顶面打磨至距轨面0.8 mm，将焊头顶部和轨头侧面过渡圆弧、焊头内外侧面打磨至与既有钢轨平齐。

（8）在浇铸后 30 ~ 45 min，去掉钢楔子和对正架或起道器，待焊缝轨温自然冷却到 370 ℃（非接触式测温）后，可取消封锁，慢行 45 km/h 放行列车。

（9）浇铸结束 1 h 后，设置好防护，进行焊头冷打磨，按部颁要求打磨至整体平齐。

（10）对焊头进行探伤检查，凸出公差≤0. 25 mm、凹陷公差 0 mm 检查，确认合格后，完成焊接记录，整理轨道，清除现场，正常放行列车。

（二）注意事项

1. 高温火柴与焊剂必须分开存放，绝不能放在衣袋中。

2. 焊剂、坩埚和砂模必须防潮，

正在反应的焊剂及其装置不能与水接触，不能用水做灭火剂，万一需要，应该用干砂灭火。

3. 检查焊接地点周围环境，查看火灾隐患是否存在。

4. 确保燃气装置没有泄漏。使用中如发生回火，应立即先关闭氧气阀门，再关闭丙烷阀门。

5. 整备焊缝两端线路，要确保对正后的轨头无移动，确保焊缝距轨枕的距离大于100 mm。

6. 在预热或焊剂正在反应期间，人应保持安全距离，戴好护目墨镜，预热完成后，必须确定砂模的密封状况良好。

7. 热废渣盘应放在干燥、绝燃的地方，绝不能放在轨枕上，待冷却后才能倒入废渣处。

8. 打磨时应戴护目墨镜，没有安全防护不得使用打磨装置，并注意隔离打磨产生的火花，打磨不能造成钢轨发蓝（淬火）。

9. 未达到放行条件，绝不放行列车。

三十五、巡道作业

（一）技术要求

1. 按照工务段编制的巡回图巡道，以 3 km/h 左右的速度全面查看线路，重点检查。

2. 当班巡回时，应打紧浮起道钉，拧紧松动的螺栓和扣件，整修失效的防爬设备，清扫无人看守道口的轮缘槽。

3. 根据巡回区的长短，有计划地安排责任公里内小补修工作。

（二）注意事项

1. 巡道人员应熟悉有关规章制度及线路业务，有单独处理故障的能力。巡道人员（临时替班人员应固定）应经段培训考试合格，持证上岗。

2. 巡道人员交接班时，应交清和接清下列事项：发现的问题和处理情况以及需要继续处理的问题，并记入交接班记录簿内；信号用品、巡道牌、工具、材料及其他备品等。

3. 发现影响行车安全的故障和其他重要情况时，应及时报告工班长或车间主任；经常向工长汇报行车安全及人身安全情况、线路设备病害变化情况、零星的线路经常保养工作情况。

4. 发现钢轨、尖轨、辙叉心及主

要联结零件折断，路料侵入限界、胀轨跑道及其他线路故障，路基沉陷、塌方落石、水害及桥头护锥、河岸冲刷，无人看守道口标志、铺面及护桩缺损等故障，应立即排除。不能立即排除时，应按《安规》第 2.2.12 条进行防护处理。

5. 巡道人员必须熟悉管内线桥设备情况，在执勤时应穿戴防护服装，掌握重点列车运行时刻，注意倾听和瞭望，来车时及时下道避车。

6. 巡查线路时，在路肩上行走。

三十六、道口看守作业

(一)技术要求

1. 道口设备及其防护设备的标准和技术要求。

2. 看守职责范围及《铁路运输安

全保护条例》、《道路交通法》、《道路交通安全法实施条例》等有关规定。

3. 道口看守安全作业知识及车机联控等规定。

4. 作业程序和应急处理预案的处理流程。

5. 道口其他设备的有关规定。

(二)注意事项

1. 道口人员应熟悉有关道口安全业务知识和规章制度，正确使用“联控”用语，标准化迎送列车，规定信号、设备、防护用品（备品）的安全操作，道口故障处理和防护能力，检查道口铺面及设备。道口人员应经段培训考试合格，持证上岗。

2. 道口人员交接班时，应交清和接清下列事项：发现的问题和处理情况以及需要继续处理的问题，并记入交接班记录簿内；信号用品、工具及其他备品等。

3. 发现影响行车安全的故障和其他重要情况时，应及时报告工班长或车间主任；经常向工长汇报行车安全及人身安全情况等。

4. 发现钢轨、道口设备损坏等情况，应立即排除。不能立即排除时，应按《安规》第 2.2.12 条进行防护处理。

5. 道口人员必须熟悉管内线桥设备情况，在执勤时应穿戴防护服装，掌握重点列车运行时刻，注意倾听和瞭望，来车时，距离本线来车不少于800 m、邻线来车不少于500 m下道避车。有条件的地段面向列车迎车。

三十七、雨量观测员作业

(一)基本要求

1. 雨量观测员应由责任心强，熟悉铁路防洪、雨量观测、雨量警戒业务知识，并经过专门培训、考试合格的人员担任。

2. 在汛期内，雨量观测员必须认真履行职责，发生降雨、大风等天气及接到重要天气预报时要及时到位，在雨量记录（报警）仪旁认真观测。

3. 熟悉雨量计或雨量报警仪的观测要求及一般的管护知识，并会使用电话机、对讲机等通讯设备。

4. 雨量观测人员应定时检查、维护雨量计或雨量报警仪，检查其性能是否良好。当设备发生故障时，必须立即报告工务段调度、段防洪办迅速修理联网微机型雨量计，并作好记录。

5. 不准干与收发雨量数据无关的事。连接报警仪的电话机不准安设分机。

（二）雨量警戒作业要求

1. 雨量监测员在执行任务中，严格按“汛期安全行车雨量警戒办法”的规定办理。

2. 当降雨达到“封锁区间”值时，雨量观测员以最快方式通知（书面通知可补送）所在车站值班员和工区负责人，封锁区间。

3. 当雨量下降到低于“封锁区间”值时，雨量观测员要立即通知车站值班员解除封锁，并执行“危急”警戒办法。

4. 当雨强下降到低于“危急”警

戒雨量值时，执行“注意”警戒办法。

5. 当不到 10 min 内，降雨量已达到某级10 min警戒雨量时，要立即发出相应警戒通知。

6. 当发生通讯中断时，应按应急通知车站和工区负责人的预案，并千方百计将雨量警戒通知书送达车站值班员。

7. 未撤出雨量警戒及未停止降雨时，雨量观测员不得擅自离岗。

8. 车间雨量观测员应每月检查一次管辖车间及工区雨量计情况，发现问题及时处理。如无法处理，必须告知段防洪办，通知专业部门进行修理。

三十八、防洪警戒作业

(一)基本要求

1. 汛期，工区负责人必须认真履

行防洪职责。当发生降雨、大风等天气，或有重要天气预报和节假日时，应安排半数以上职工留守、留宿。

2. 工区负责人应督促雨量观测员定时检查、维护雨量计或雨量报警仪，随时保持性能良好。连接报警仪的电话不得安设分机。

3. 工区负责人、巡守人员应熟悉铁路防洪、安全防护、车机联控、雨量警戒值、防灾避险等知识。巡查作业时，应携带防护、信号、通讯用品。

4. 巡查作业人员发现危及行车安全的灾害时，应立即设置好防护，迅速向车站或工区报告灾情。

5. 巡查巡守人员严格按照500～1 000 m区段进行巡查、巡守，做到大雨不停，巡守不止。

（二）雨量警戒作业要求

1. 当降雨达到“注意”警戒雨强值时，应派员冒雨出巡，并要求车站值班员按不大于 60 km/h 运行。

2. 当降雨达到“危急”警戒雨强值时，工区负责人立即到车站运转室共同值班，要求旅客列车按不大于 35 km/h、货物列车不大于40 km/h的速度运行，并随时做好停车准备。

3. 当降雨达到“封锁区间”雨强值时，应立即封锁区间。当“封锁区间”后区间情况不明时，要立即要求车站尽快安排轨道车或单机进入区间查明情况。

4. 各类人员发现危及行车安全时，应立即设置停车信号防护，果断拦停列车，报告车站。

5. 当发生通讯中断时，工区负责人要采取措施，配合雨量观测员立即将警戒信息通知车站。

6. 拦、扣停列车后，工区负责人或巡守人员应协助车站和机车乘务员把列车尽可能移动到安全位置。

7. 巡查人员注意人身安全。

三十九、防洪看守作业

（一）基本要求

1. 防洪看守人员应由责任心强，熟悉安全防护、车机联控等本工种业务知识，有一定应变能力，并经培训考试合格的人员担任。

2. 防洪看守人员应熟悉本看守区段的重点和要求，严格执行“先防护、后处理”，“宁可错拦、不可错放”原则。

3. 看守人员应熟悉各种防护旗、信号灯等的使用要求，并对装配的电话机、对讲机等通讯设备，能使用、会管理。

（二）看守工作要求

1. 看守人员上岗前，应带齐各种防护信号备品及通讯设备，并检查其性能是否良好。

2. 各看守点应有所在区间的列车时刻表、落石记录台账、病害观测记录簿和巡回图。

3. 防洪看守人员值班时必须精力集中，不得兼做其他工作。

4. 当发生危及行车安全的灾害时，必须迅速做好线路防护，并立即向车站及机车乘务员报告。

5. 坚持按“车机联控”的要求，

严格做好呼叫应答，并作好记录。

6. 看守人员应按巡回图巡查线路，加强瞭望，观察病害，并作好记录。发现异常要及时上报。

7. 看守人员交接班时，应现场交清工具、防护信号备品、通讯设备和观察记录，确认接班人员精神状态，并做好交接签认。

复习思考题

1. 防护员具备什么条件才能担任？

2. 防护员需带的备品有哪些？

3. 区间使用单轨小车有何规定？

4. 画出双线区间两条线路同时施工的防护图。

5. 在双线区间一条线路上施工时，如何使用移动减速信号防护？

6. 区间线路发生故障的防护办法是什么？画图说明。

7. 线路作业和巡检人员让车时有何规定？

8. 在线路上进行起道、拨道、改道作业应该注意什么？

9. 在电气化区段作业有哪些注意事项？

10. 区间线路钢轨折断的紧急处理办法是什么？

11. 无缝线路出现胀轨的迹象是什么？

12. 检查区间线路出现红光带故障的方法是什么？

13. 可动心轨辙叉更换的基本程序是什么？